AF450428

Inventaire Sommaire

des

ARCHIVES COMMUNALES

de

GONDECOURT

ANTÉRIEURES A 1790

INVENTAIRE SOMMAIRE

DES

ARCHIVES COMMUNALES

DE

GONDECOURT

ANTÉRIEURES A 1790

PAR L'ABBÉ TH. LEURIDAN

Archiviste du Diocèse de Cambrai
Président de la Société d'Etudes de la Province de Cambrai
Secrétaire de la Société d'Emulation de Roubaix

ROUBAIX
IMPRIMERIE ALFRED REBOUX, 71, GRANDE-RUE
—
1902

INVENTAIRE SOMMAIRE

DES

ARCHIVES COMMUNALES

DE

GONDECOURT

ANTÉRIEURES A 1790

Les documents antérieurs à la Révolution relatifs à Gonde-court, outre ceux que renferment en petit nombre les collections particulières et les grands dépôts de Paris et de Bruxelles, sont conservés aux archives départementales du Nord, aux archives de l'Etat à Mons et aux archives communales de Gondecourt.

1° **Lille.** — Nous y avons trouvé de nombreux documents concernant la seigneurie de Gondecourt et les fiefs qui en dépendaient, dans l'*Etat général;* toute une série de comptes de la Mairie et de Mézedon, dans la *série E, n°ˢ 1069 à 1078 ;* enfin cinquante pièces environ disséminées dans les autres séries, notamment dans la *série B*, et un plan de la seigneurie du Pret.

2° **Mons**. — Le dépôt de Mons conserve une notable partie des *Archives* de Gondecourt, dont nous allons énumérer les principaux articles : Briefs, terriers, chasserels, livres de baux, etc., des seigneuries de Gondecourt, Ghermanet, Prou-ville, Bapaume, de 1557 à 1790 ; Comptes de la seigneurie de Gondecourt de 1301 à 1487 et de 1528 à 1799 ; Rapports et actes divers relatifs à la même seigneurie, de 1455 à 1808 ; Comptes particuliers des seigneurs, de 1450 à 1775 ; 200 actes environ passés en la cour féodale de Gondecourt, de 1502 à

1783 ; un compte de l'église de 1678 ; plus de 300 actes relatifs aux terres des pauvres situées dans les seigneuries de Gondecourt, du Bois et de Prouville, de 1506 à 1790 ; un grand nombre de pièces de procédures concernant les marais, de 1556 à 1805 ; plusieurs liasses de correspondances et de documents divers ; enfin des plans du village et de la seigneurie datés de 1694 et un plan du marais de 1774. — Nous nous sommes enquis de la manière dont ces titres étaient venus grossir les archives de Mons déjà si riches, alors que leur place naturelle semble se trouver à Gondecourt, et nous avons appris qu'ils provenaient du don fait, en 1879, par M. le baron Charles Duvivier, allié à la baronne Philippine-Narcisse-Hortense Robert de Saint-Symphorien, descendante de la famille des anciens seigneurs de notre village (1).

3° **Gondecourt.** — Quoique ainsi privé d'un nombre considérable de documents importants, le dépôt de Gondecourt nous a cependant fourni d'amples matériaux pour notre *Histoire*. Il comprend encore 156 registres ou cahiers, contenant près de 5.000 feuillets, 5 pièces parchemin et 340 pièces papier, qui n'avaient été jusqu'ici l'objet d'aucun classement. Nous en avons fait le triage et l'analyse selon le cadre ordinaire des *Inventaires Sommaires des Archives Communales antérieures à 1790*, en y joignant les documents relatifs à l'église et aux pauvres, retrouvés au presbytère, dans les papiers de la fabrique, et plusieurs titres faisant partie de notre collection particulière et que nous avons cédés volontiers aux archives de Gondecourt.

En parcourant cet *Inventaire-sommaire*, on se convaincra aisément que les *Archives de Gondecourt*, si l'on pouvait y joindre les documents de Mons, formeraient l'un des dépôts de communes rurales les plus complets et les mieux préservés des causes si multiples de destruction, auxquelles un nombre fort restreint d'entre eux a pu résister.

(1) Voir l'*Histoire de Gondecourt*, chapitre IV.

Série AA

Titres constitutifs et politiques de la Commune.

AA 1. (Liasse). — 2 cahiers in-quarto, ensemble 16 feuillets ; 1 cahier in-folio, 34 feuillets, papier.

1529-1682. — *Seigneurie de Gondecourt.* — Rapport servi le 7 octobre 1529, par Gaultier de la Broye, écuyer, licencié ès-loix, époux de Françoise d'Ollehaing, à Pierre de Werchin, sénéchal de Hainaut, seigneur de Cysoing, Templemars, etc., « de tout un noble fief et seigneurie lige que à cause de sa dicte espeuse il tient de ladite seigneurie de Chysoing, à justice de visconte, situé ès ville et paroisse de Gondecourt..... et sont appartenans à cedit fief les marés de Gondecourt qu'il tient par indivis à l'encontre de Messieurs de S. Piat de Seclin. » — Rapport de la seigneurie de Gondecourt servi le 3 février 1590, à Wallerand de Landas, seigneur de Wannehaing, bailli de Cysoing, par Guillebert de la Broye, fils de feu Jehan, écuyer, seigneur d'Estaimbourg, Gondecourt, etc. — Rapport de la baronnie de Cysoing, servi par Lamoral, comte de Ligne, et Marie de Melun, princesse d'Epinoy, sa femme, le 11 novembre 1595 : Guillebert de la Broye, fils de feu Jehan, écuyer, seigneur d'Estaimbourg, Gondecourt, Has, etc., tient de ladite baronnie le fief, terre et seigneurie de Gondecourt, à justice de vicomte, situé ès villes et paroisses de Gondecourt, Chemy, Wachemy, Avelin et environs, et dont sont tenus 29 fiefs et hommages, parmi lesquels : Le Prée, par Mahieu Castelain ; le Bois, par Antoine de la Broye ; Carnin ou le Quint du Bois, par Germain Petipas, seigneur de Warcoing ; Prouville ; Has, par Bauduin de Croix, écuyer, seigneur de Wayembourg, etc. — Vente, au prix de 24.200 florins, par noble homme Jean-Jacques de La Broye de la Val, écuyer, seigneur d'Estaimbourg, Essart, Gondecourt, etc., fils de messire Jean, au profit de messire Henri de Broïde, chevalier, seigneur d'Escaubecque, Beaufremez, Hellemmes, etc., conseiller premier pensionnaire de la ville de Lille, de toute la terre, fief et seigneurie de Gondecourt, consistant en un village à clocher et en gros du fief, 12 bonniers 6 cents ou environ, situés à Gon-

decourt et Chemy, et un bonnier de terre cottière tenue de
S. Piat de Seclin, 2 juillet 1682. — Ordonnance de mise de fait,
du 21 août 1682, signifiée à dame Claudine de la Pierre, veuve
douairière de Jean de la Broye, mère et tutrice de Jacques-
Ferdinand, à Ignace-Claude de la Broye de Laval, chanoine de
Saint-Pierre de Lille, à Guillaume-Albert de la Broye de Laval,
écuyer, demeurant à Estaimbourg, à Alexandrie-Françoise et
Marie-Thérèse de la Broye de Laval, demeurant à Lille, chez
ledit chanoine, leur frère.

AA 2. (Liasse). — 1 cahier in-quarto, 10 feuillets ; 4 pièces, papier.

1553-1618. — *Seigneuries de la Mairie de Gondecourt et de Mézédon* — Compte de Jehan Morel, receveur de
d[elle] Catherine Le Cocq, vesve de Guillaume Hangouart,
seigneur de Piètre, président d'Artois, mère de Guillaume,
écuyer, héritier des fiefs et seigneuries de Piètre, des Pomme-
reaulx, de la Mairie de Gondecourt, de Mezedon, etc. —
Recettes : rentes seigneuriales de la Mairie, 24 l. 15 s. 5 d. ;
de Mezedon, 6 l. 6 s. 3 d. ; reliefs et autres droits, 16 s. 7 d. ;
rentes héritières et cense des bois, 11 l. 2 s. 6 d. Total : 43 l.
9 d. — *Dépenses :* rentes et sous rentes dues par les terres de
ladite demoiselle : 65 l. 18 s. 1 d. ; bans de mars et d'août et
gages du receveur, 70 s. Total : 69 l. 8 s. 1 d. — Déclaration
du fief de la Mairie de Gondecourt, tenu en justice vicomtière
de Saint-Piat de Seclin. — Commission de receveur des
fiefs d'Elcourt, à Linselles, de la Mairie et de Mézédon à
Gondecourt, accordée à Philippe Du Bois, fils de feu Jehan,
par Barthélemy de Hangouart, chevalier. 1er octobre 1618. —
Bordereau des terres tenues de la Mairie de Gondecourt et
de Mézédon.

AA 3 et 4. (2 reg). — In-quarto, 310 et 312 feuillets imprimés. (1).

1767-1777. — *Recueil des édits, arrêts, lettres-pa-
tentes, déclarations, règlemens et ordonnances, imprimés et*

(1) A Lille, chez N.-J.-B. Peterinck-Cramé, imprimeur ordinaire du Roi, rue
des Malades.

mis à exécution par ordre de M. l'Intendant ou par les diffé-
rents tribunaux de la ville de Lille. Année 1774 (1). — Folio
67. — Arrêt du Conseil d'Etat du Roi concernant les Wardelles ou portions ménagères et le partage du marais de
Gondecourt. 15 juin 1774. « La communauté de Gondecourt a
accordé de tout temps certaines portions de marais à ceux qui
se mariaient ; ces portions, connues dans le pays sous le nom
de wardelles, ne laissaient pas d'engager bien des particuliers
à se marier et favorisaient conséquemment la population. Mais
le seigneur étant parvenu à faire prononcer le triage de ces
marais à son profit, par arrêt du Conseil supérieur de Douai,
du 14 août 1772, plusieurs de ces wardelles se sont trouvées
englobées dans son tiers, de manière qu'il était nécessaire de
former de nouveaux arrangements. Il faut considérer d'ailleurs
que la communauté est tenue de beaucoup de charges communes qui ne sauraient être prises que sur le produit même de
ses marais, telles que les dettes communes qui excèdent
8000 florins, l'entretien des édifices publics, des ponts et
chaussées, de l'horloge, les gages des barrièreurs et des
messiers, les frais des écoles, des sonneries, de l'entretien et
refonte des cloches, etc. et l'on n'a vu de ressources pour y
subvenir que d'aliéner à temps quelques portions dudit marais ;
enfin le vœu de la communauté s'est réuni, après ces deux
prélèvements, pour un partage égal de tout le surplus du
marais, entre toutes les familles de la paroisse. Ce qui a fait
prendre le parti, dans la délibération du 27 juillet 1773, de
diviser ce qui en reste en autant de portions qu'il y a de feux,
pour jouir par chaque ménage de la portion échue et qui peut
être de deux cents de terre pour chacun, à charge néanmoins
d'une très modique redevance annuelle qui sera employée à
l'acquit des charges communes. » L'arrêt ordonne la mise à
exécution de cette délibération. — Même recueil pour les
années 1775, 1776 et 1777.

---

(1) Dans ce volume se trouvent aussi plusieurs ordonnances de 1767 et de 1773.

Série BB

Administration Communale.

BB 1. (Liasse). — 3 pièces, papier.

1725-1774. — *Délibérations des gens de loi ; assemblées d'habitants.* — Les bailli, lieutenant, hommes de fief et assoyeurs décident de remettre en labour les six cents de terre formant le riez à moutons et d'indemniser les fermiers à moutons en leur fournissant d'autres quartiers pour la paisson. 4 novembre 1725. — Assemblée d'habitants tenue devant M. Charles d'Haffrengues, subdélégué de l'intendant, en la halle de Gondecourt, pour autoriser les gens de loi et assoyeurs à plaider contre le seigneur. 12 mars 1752. — Délibération des assoyeurs et des principaux habitants décidant de demander au Conseil d'Etat la cassation de l'arrêt du Conseil de Douai, du 13 août 1772, relatif au triage du marais accordé au seigneur. 23 septembre 1774.

BB 2. (Liasse). — 3 pièces papier.

1728-1787. — *Offices divers.* — Sentence de l'intendant de Flandre à la requête de Charles-Pierre Robert, de Simon-Charles Robert, lieutenant au régiment royal, cessionnaire de l'usufruit de la seigneurie de Gondecourt, et de Jérôme-Alexis Robert de Choisys, président de la seconde chambre de la cour souveraine à Mons, leur père, ordonnant que les assoyeurs de Gondecourt continueront de régir, à l'exclusion des hommes de fief, les tailles, vingtièmes et autres revenus de la communauté ; il sera procédé à l'élection, ainsi que d'usage, de huit assoyeurs qui seront tenus de servir deux ans et de prêter serment entre les mains du seigneur ou de son bailli ; quatre seront choisis parmi les principaux occupeurs et les autres parmi les habitants médiocres, tous d'une probité et capacité reconnue, sachant lire et écrire ; ils seront renouvelés par moitié chaque année. 27 décembre 1728. — Mémoire de M. Breson, avocat au parlement, bailli de Gondecourt, au sujet des assoyeurs ; il demande la suppression de cette espèce d'administration qui n'est plus conservée que dans deux villages de la Châtellenie et qui, gardant aux communautés un vain fantôme de liberté, les expose à des inconvénients réels et considérables dont celle de Gondecourt, en particulier, n'offre que trop d'exemples. 5 août 1774. — Autorisation accordée aux assoyeurs par M. Esmangart, intendant de Flandre et d'Artois, d'établir un garde chargé de veiller à la conservation des plantis et remplissant aussi l'office de garde-messier, aux gages de 100 livres par an. 27 mai 1787.

Série CC

Impôts ; Comptabilité Communale.

CC 1. (Liasse). — 1 pièce, papier.

1549. — *Tailles royales.* — Extrait de l'assiette des châtellenies de Lille, Douai et Orchies : « Gondecourt, pour jardins, près, bois, terres à labour, 155 l. 8 s. ; audit village : en jardins, 9 bonniers 6 cents ; en labour, 296 bonniers 12 cents un quartron ; es prés, 4 bonniers 15 cents ; en bois, 10 bonniers 9 cents ; la dîme est telle que de 200 gerbes 17, dont un tiers au prince d'Epinoy, un tiers au chapelain des Cloquettes, (à MM. de S. Piat de Seclin, les deux tiers) et à la cure le troisième tiers et occupe le curé sa part ; 122 feux ; 78 chevaux ; 131 vaches ; 155 blanches bêtes. Ils ont marais commun et sy y a aucuns particuliers faisant marchandise de wedde. »

CC 2. (Liasse). — 4 cahiers in-folio, 16 feuillets chacun, 6 pièces, papier.

1751-1779. — *Tailles ordinaires et tailles de passage.* — Comptes de Jean-Henri Pottier, collecteur : 1° Tailles ordinaires de 1751. Recettes : 2047 l. 4 s. ; dépenses : 1811 l. 13 s. 8 d., dont 1530 l. 13 s. pour le montant de la taille et le reste pour les droits d'assiette et d'audition, les vacations du greffier, du sergent, du comptable, et le droit de recette de 2 et demi pour cent. — 2° Double taille de passage du 18 mars 1752. Recettes : 942 l. 10 s, dont 17 l. 4 s. pour feu de méchef arrivé à Herrin en 1749 et 72 l. pour avoir planté de la garance ; dépenses : 970 l. 2 s. 6 d., dont 809 l. 12 s. pour le montant de la taille. — Comptes de Pierre-Joseph Wattel, collecteur : 1° Tailles ordinaires de 1777. Recettes : 2036 l. 8 s. 6 d. ; dépenses : 1806 l. 4 s., dont 1644 l. 10 s. pour le montant de la taille. — 2° Double taille de passage du 14 mai 1777. Recettes : 1019 l. 10 s. 3 d. ; dépenses : 878 l. 11 s., dont 809 l. 12 s. pour le montant de la taille. — Mention des baillis : Nicolas-Dominique Nicole, en 1753 ; Pierre-Antoine-Ignace Nicole, en 1754 ; Bréson, en 1779 ; — des lieutenants Cyprien Bacqueville, 1753-1754 ; Louis-François-Joseph Marchand, 1779 ; — des assoyeurs Louis-Joseph Potteau, Laurent Dhérin, 1753 ; Pierre-François-Joseph Delefosse, Alexandre Bacqueville, 1753-1754 ; Jean-Baptiste Tobo, Nicolas-Joseph Caullet, 1754 ; Adrien-Louis-Joseph Bauduin, Jean-Michel Mortreux, Jean-François Lieppe, Joseph-Gabriel Duval, 1779.

CC 3. (Liasse). — 8 cahiers in-folio, 4 feuillets chacun ; 8 pièces, papier.

1750-1756. — *Vingtièmes.* — Comptes de Jean-Henry Pottier, collecteur : 2 vingtièmes 1/4 du 17 décembre 1750, montant à 2064 l. 17 s. 7 d.; — 1 vingtième du 29 avril 1751, 917 l. 14 s. 6 d. ; — 1/4 de vingtième du 6 juillet 1751, 229 l. 8 s. 6 d. ; — 2 vingtièmes 1/4 du 25 septembre 1751, dont, par suite de modération, il n'a été payé qu'un vingtième 1/4 ; — 1 vingtième du 17 mars 1752 ; — 2 vingtièmes 1/4 du 3 novembre 1753 ; — 1 vingtième du 10 avril 1754 ; — 1/4 de vingtième du 16 juillet 1754. — Mention des baillis : Nicolas-Dominique Nicole, 1753 ; Pierre-Antoine-Ignace Nicole, 1754 ; Louis-Hippolyte Nicole, 1756 ; — du lieutenant Cyprien Bacqueville, 1753-1756 ; — des assoyeurs : Louis-

Joseph Potteau, Laurent d'Herrin, 1753 ; Pierre-François-Joseph Delefosse, Alexandre Bacqueville, 1753-1754 ; Jean-Baptiste Tobo, Nicolas-Joseph Caullet, 1754 ; Jacques-François Bridelance, Nicolas-André Pottier, Jean-Charles Duriez, Jean-François Delefosse, 1756.

CC 4. (Liasse). — 3 cahiers in-folio, ensemble-28 feuillets, 5 pièces, papier.

1777-1782. — *Vingtièmes.* — Comptes de Pierre-Joseph Wattel, collecteur, pour le vingtième et demi du 20 août 1777, s'élevant à 1376 l. 11 s. 8 d. et pour les 2 vingtièmes 1/4 du 5 mars 1778, 2064 l. 17 s. 7 d. — Mandement et assiette d'un quart de vingtième du 19 juin 1782, pour le curement et le redressement de la Lys depuis Aire jusqu'à Merville, 237 l. 7 s. 9 d. — Mentions des rues de la Mairie, des Fées, de la Barre, du Maret, de l'Eglise ; — forains cotisés à Lille, Seclin, Chemy, Wachemy, Carnin, Annœullin, Allennes, Herrin, Wattignies, Hainne-lez-la-Bassée, Estevle, Templemars, Provin, Camphin, Ancoisne, Phalempin ; — bailli : M. Breson, 1779-1780 ; — lieutenant, Louis-François-Joseph Marchand, 1779-1782 ; — assoyeurs : Adrien-Louis-Joseph Bauduin, Jean-Michel Mortreux, Jean-François Lieppe, Joseph-Gabriel Duval, 1779-1780 ; Aimable-Joseph Morel, Jean-Baptiste Delefosse, Sébastien Cochet, Pierre-François-Louis Leleu, 1782.

CC 5. (Liasse). — 1 pièce, papier.

1749-1750. — *Vingtièmes royaux.* — Déclaration pour le vingtième de 1749 : « Gondecourt possède un marais de 70 bonniers servant à paître les bestiaux et partie en eaux et bourbiers et 22 bonniers 1550 verges de marais en labour, rapportant 999 florins 15 patars par an. »

CC 6. (Liasse). — 3 cahiers in-quarto, ensemble 111 feuillets ; 37 pièces, papier.

1709. — *Taille de faux frais* pour satisfaire aux dépenses occasionnées par le siège de Lille en 1708. — Requête, autorisation, publication, assiette de la taille s'élevant à 5476 l. 7 s. 6 d., à raison de 13 l. 4 s. au bonnier, par Nicolas Henneron, lieutenant, Adrien Marchand, Gilles Dujardin, Sébastien Cochet, Henry Dubois, assoyeurs. — Compte de la taille présenté, le 29 novembre 1710, par Gilles Cordonnier collecteur, à Mathieu Lemesre, bailli, Jean-Jacques Mortreul, lieutenant, Nicolas Henneron, Adrien Lepez, Anselme Cuvelier, Pierre Delefosse, Jean-Baptiste Romon, Jean-Baptiste Mortreul, Druon du Gardin, hommes de fief. — *Recettes :* 5476 l. 7 s. 6 d. — *Dépenses :* intérêts de 2000 livres prêtées par André Dureteste pour les frais de la revision du procès de la dîme de colzat ; — débours et salaires de Jacques Couvreur, clerc, Nicolas Henneron, lieutenant, et Sébastien Cochet, assoyeur, pour avoir compté les fourrages, etc. ; — indemnités à plusieurs particuliers, pour rafraîchissements à plusieurs partis de France ;— charrois de fascines et de fourrages ; — à Jean Bridelance pour avoir fendu du bois pour le comte de Nassau ; — à Pierre du Burque, pour avoir mesuré du grain dans l'église, en septembre 1708, pour les troupes des alliés ; — à Jaspart Labbe pour avoir servi de guide à cheval; — à plusieurs manants pour avoir servi de pionniers pendant le siège à Lille et à La Bassée ; — à plusieurs autres pour avoir sonné pendant six semaines pour les funérailles des feus seigneur et dame de Gondecourt ; — salaires de procureurs; — vacations de Georges Desbiens, lieutenant, de Nicolas Henneron, lieutenant, et des hommes de fief pour les procès-verbaux des pertes éprouvées par les habitants durant le siège de Lille ; etc. — Total : 5992 l. 18 s. — Registre des personnes qui ont été pionniers pour Gondecourt, pendant le siège, à Armentières ; à Lille, pour faire les lignes du siège et pour travailler aux boyaux après le siège ; a La Bassée ; à la Citadelle de Lille ; attelées qui ont voituré pendant le siège.

CC 7. (Liasse). — 82 pièces, papier.

1787-1790. — *Comptes du Collecteur ;* pièces justificatives. — Etat des débours et vacations d'Adrien-Louis-Joseph Bauduin, lieutenant, de Louis Delobel et autres assoyeurs, de Jean-François Cornillot, greffier, et de Valérien Joseph Couvreur, clerc, pour le procès contre le sieur de Robersart en 1787 ; — pour la liste des glaneurs ; — pour la visite des chemins, des coulants d'eau, des arbres, des chevaux ; — pour la capitation ; — pour les vingtièmes royaux ; pour les bans de mars et d'août ; — pour la visite des cheminées ; — pour la rédaction du cahier des doléances de la communauté ; — pour l'entretien de l'horloge, la sonnerie de midi, les publications ; — honoraires du prédicateur de la passion ; — cours de deux rentes de 2000 écus chacune dûs à Jean-Michel Mortreux et à ses frères et sœurs; — liste des 187 ménages qui doivent au clerc le droit de clergerie de dix patars ; — droits dus à l'église pour les wardelles, 19 fl. 7 p. 6 d. ; — tonlieu des bêtes et laines et pieds fourchés, 21 fl. ; — salaires de M. Dubois le jeune, procureur à Douai, 1200 fl. ; — dixième denier du bail des terres du marais, 52 fl. 17 p. ; — gages des gardes messiers et du sonneur de la retraite ; — entretien des cloches ; — ouverture et fermeture des barrières ; — dépenses pour le corps de garde de Gondecourt ; — travaux au clocher ; — dépenses de bouche des gens de loi, des assoyeurs et des cavaliers de la maréchaussée ; — travaux à l'école ; — indemnité aux habitants qui ont été députés au Champ-de-Mars à Lille, le 29 juin 1790 ; — travaux aux pavés du village.

SÉRIE DD

Propriétés Communales ; Marais.

DD 1. (Liasse). — 1 pièce, parchemin ; 3 pièces, papier.

1244-1704. — *Bois, plantis, marais.* — Acte de Marguerite, dame de Dampierre, octroyant aux paroissiens

de Wavrin, Gondecourt, Emmerin, Epinoy, Allennes et Herrin,
l'aisement du marais en pâturages et herbages, à dix gros de
blancs d'artisien de cens le jour de S. Remy. Mai 1244. —
Confirmation par Guillaume, comte de Flandre, 20 juillet
1248 (1). — Rapport du curé Mortreul et des manants Jehan
Ramon, Jan Pipelart et Michiel Logeleu, pour satisfaire au
mandement de mars 1543 : « Y a marès communs à eulx et
ceulx de Chemy dont on ne sait la grandeur et est pour le
plupart de très petite valeur ; item a en ladite paroisse VI^{xx}II
feux. » 8 avril 1544. — Lettres patentes obtenues par Anne
de Hamast, veuve de Jehan de la Broye, écuyer, seigneur
de Gondecourt, Guillaume de la Broye, écuyer, seigneur
d'Estaimbourg et de Gondecourt, Jehan Lamory, curé pro-
priétaire, Nicolas Lemesre, Pasquier Delevallée, margliseurs,
Antoine de la Broye, écuyer, seigneur du Bois, et plusieurs
manants, au nom de la communauté, et les autorisant à bailler
pour 12 ans, deux à trois bonniers de leur marais, pour subvenir à leurs charges, entre autres à la fonte de nouvelles cloches,
les anciennes étant brisées, à la reconstruction du clocher,
l eglise ayant épuisé ses revenus pour ces dépenses et pour la
reparation du chœur et des chapelles faite il y a 20 ans.
22 mars 1578. — Autorisation du parlement de Flandre, pour
affermer pour 12 ans, 12 à 13 bonniers du marais, pour subvenir à la réparation du clocher qui menace ruine, aux frais du
procès contre le chapitre de Seclin, etc. 3 avril 1704.

DD 2. (Liasse). — 2 cahiers in-quarto, ensemble 62 feuillets ;
1 pièce, papier.

1753-1754. — *Marais : Partage entre Gondecourt et
Chemy.* — Ordonnance de l'Intendant de Flandre, prescrivant
le partage du marais, à la requête de la communauté de
Chemy. 9 novembre 1753. — Partage exécuté, le 4 juin 1754,
par M. d'Haffrengues, subdélégué. Le marais contient 165
bonniers 123 verges et demie, dont il faut déduire 45 bonniers
980 verges de défrichés. Le tout étant estimé 197.267 fl. 4 p.,

(1) Mauvaise copie tirée du greffe de Malines.

il est adjugé à Chemy, pour le huitième à lui attribué, 16 bonniers 175 verges, estimés 24.658 fl. 8 p., plus 550 verges pour
indemnité des frais à faire pour l'écoulement des eaux. —
Acquiescement des habitants. — Double du procès-verbal.

DD 3. (Liasse). — 4 cahiers in-quarto, ensemble 58 feuillets ; 14
pièces, papier.

1751-1756. — *Marais. — Procès entre le seigneur et
la communauté.* — Autorisation de M. de Sechelles, intendant
de Flandre, pour proroger pendant 18 ans ie bail de quelques
parties de marais, précédemment affermées pour subvenir aux
frais des pavés et du mur de clôture du cimetière, afin de
pourvoir aux nouvelles charges : construction d'une école,
secours aux pauvres, construction d'abreuvoir, comme précau-
tion en cas d'incendie, etc. 29 mai 1751. — Opposition de
Charles-Pierre-Joseph Robert, baron de Saint-Symphorien, seigneur de Gondecourt, fils de Jérôme-Alexis, et dont « madame
la mère est décédée le 13 mars 1749. » — Autorisation de
plaider contre ledit seigneur. 19 mars 1752. — Le seigneur se
pourvoit en tiers sur les 45 bonniers 850 verges défrichés ; mais
sa qualité de seigneur de Gondecourt est contestable : tout ce
qu'il y possède est un fief vicomtier nommé La Barre ; les
héritages abordant au cimetière sont tenus de S. Piat de Seclin.
Le chapitre peu soigneux de ses droits honorifiques, les avait
négligés et ce ne .ut qu'à la suite d'un procès, par sentence du
3 novembre 1578, que la qualité de seigneur fut attribuée aux
ancêtres dudit Robert, non par loi, ni par titres, mais seulement
par prescription. De plus, il ne nomme ni ne renouvelle la loi
qui est élue par les seuls habitants et composée de huit
assoyeurs régissant les affaires de la communauté à l'exclusion
des hommes de fief et des échevins ; ces derniers n'y sont même
pas connus. Quant à l'ordonnance de 1669, elle accorde le
triage à condition que le marais provienne de la concession
gratuite des seigneurs et que les deux autres tiers suffisent pour
l'usage de la paroisse. Or, les marais des communes environ-

nantes et surtout celui de Seclin ont été donnés par la comtesse de Flandre ; celui de Gondecourt, selon la même tradition, a la même provenance ; il appartenait à la communauté longtemps avant la sentence de 1578. Ce marais était d'ailleurs commun avec celui de Wavrin jusqu'en 1722.

DD 4. (Liasse). — 5 cahiers in-quarto, ensemble 106 feuillets, 48 pièces, papier.

1758-1769. — *Marais.* — *Procès avec le seigneur* (suite). — Continuation du procès par François-Joseph Robert de Saint-Symphorien, seigneur de Gondecourt, fils de Charles-Pierre-Joseph. — Déposition du lieutenant et des assoyeurs : il y a à Gondecourt 240 ménages ne pouvant faire chaque année plus de 8 charretées de 400 palées de gazon. — Positif des habitants de Gondecourt : le demandeur n'est pas seigneur haut justicier du marais ; il n'en est vicomtier que jusqu'à 60 sous contre le chapitre de Seclin, qui, outre la qualité de haut justicier pour le tout, est encore vicomtier jusqu'à 60 livres. Le marais ne formait qu'une masse avec ceux de Wavrin, séparés en 1722, et ceux de Chemy, séparés en 1753. Les terres propres à l'usage des habitants ne s'élèvent qu'à 115 bonniers 1245 verges 3/4 ; Gondecourt contient 248 familles formées de 1063 personnes ; il y a 142 bêtes chevalines, 461 bêtes à cornes et 312 bêtes à laine. — Enquête sur la suffisance des deux tiers du marais pour la consommation des habitants et des bestiaux : les témoins d'Allennes, Carnin, Wavrin, Annœullin et Herrin estiment que la totalité du marais, y compris les labours, est notablement insuffisante. — Déposition de l'arpenteur chargé de mesurer le marais pour le partage entre Gondecourt et Chemy : la part de Gondecourt est réduite à 138 bonniers 15 cents. — Inventaire des pièces et titres fournis au procès : information de 1684 sur l'enlèvement fait de nuit de parties des bancs plaidoyables de Gondecourt ; partage des biens délaisses par Henri de Broide, seigneur de Gondecourt, et Marie-Jeanne de Faulconnier, son épouse, 9 avril 1709 ; requête d'Henri de Broïde contre M. de Kessel du Joncquoy qui avait érigé un monument à la mémoire de son père, en l'église de Gondecourt, sans autorisation du seigneur, 17 novembre 1696 ; vente de la terre de Gondecourt à Guillaume Le Blancq par Robert d'Ollehaing, 21 septembre 1520, etc.

DD 5. (Liasse). — 3 cahiers in-quarto, ensemble 30 feuillets, 11 pièces, papier.

1752-1766. — *Marais.* — *Procès avec le seigneur.* — Pièces doubles des dossiers précédents.

DD 6. (Liasse). — 2 cahiers in-quarto, ensemble 22 feuillets, papier.

1774. — *Marais.* — *Procès avec le seigneur.* — Requête de François Robert, baron de Saint-Symphorien, seigneur de Gondecourt, au Conseil supérieur de Douai : Un arrêt du 4 août 1772 lui a assigné un tiers du marais, près de son château et vers Chemy, et il a été convenu que la communauté livrerait un chemin de 25 pieds auquel lui et ses fermiers pourraient aborder par la drève de son château ; mais les assoyeurs ont creusé un fossé qui ferme de ce côté l'accès du château. — Transaction conclue le 2 août 1774.

DD 7. (Liasse). — 3 cahiers in-quarto, ensemble 164 feuillets ; 4 cahiers in-folio, ensemble 260 feuillets, papier.

1775-1777. — *Marais.* — *Procès avec le seigneur.* — Appel, par la communauté, au conseil d'Etat du roi, en cassation de l'arrêt du Conseil de Douai, du 4 août 1772, ordonnant le triage. — Cet arrêt prive la communauté du tiers de ses biens et la condamne à des dépens énormes et à des dommages-intérêts que le seigneur porte à 80.000 livres. Cet arrêt est irrégulier, la cause ayant été porté directement au Parlement de Douai, sans avoir passé par les autres degrés de juridiction, et le grand maître des eaux et des forêts du département de Lille étant seul compétent pour connaître de cette affaire. 28 mars 1775. — Mémoires divers. — L'arrêt est confirmé par sentence du Conseil d'Etat. 9 mars 1779.

DD 8. (Liasse). — 2 pièces, papier.

1779-1780. — *Marais.* — *Procès avec le seigneur.* — Transaction entre la communauté et François-Joseph Robert, baron de Saint-Symphorien, demandant, en exécution de l'arrêt du Conseil d'Etat du 9 mars 1779, 49.590 florins 17 patars pour la valeur des fruits des 21 années du litige et 23.215 florins pour intérêts de cette somme. — La communauté cède au seigneur 12 bonniers de marais, non compris fossés et chemins, et lui paiera 9000 livres de France. 11 août 1779. — Homologation de cette transaction. — Contrat. 28 juin 1780.

DD 9. (Liasse). — 1 cahier in-folio, 40 feuillets ; 1 pièce parchemin ; 20 pièces, papier.

1780-1790. — *Marais.* — *Procès avec le seigneur.* — Requête du baron de Saint-Symphorien à la Gouvernance de Lille, demandant condamnation des gens de loi à faire valoir, sur le pied de l'ancien rendage, les terres à lui adjugées en triage et qu'il n'a pu louer à cause du complot des habitants de ne les prendre qu'à vil prix. 2 décembre 1780. — Sentence provisoire ordonnant aux gens de loi de faire valoir ces terres au prix des terres voisines, ou à estimation d'experts. 14 août 1781. — Sentence définitive au profit du seigneur, 2 août 1783. — Instance introduite le 18 novembre 1786, par les assoyeurs qui sont déboutés par sentence du 25 juillet 1788. — Nouvel appel, de nouveau rejeté.

DD 10. (Liasse). — 17 cahiers in-octavo, ensemble 410 feuillets ; 6 pièces, papiers.

1783-1788. — *Marais.* — *Procès contre le seigneur.* — François Robert, baron de Saint-Symphorien, réclame, en vertu de l'arrêt du 4 août 1772, le tiers des wardelles, qui n'ont pas été comprises dans le marais, au moment du triage, et une partie équivalente aux deux tiers de la drève du château qui y a été indûment comprise. — Enquêtes, dépositions, mémoires, etc. — Pas de solution.

DD 11. (Liasse). — 3 cahiers in-quarto, ensemble 38 feuillets, papier.

1756-1758. — *Marais. — Comptes.* — Compte des années 1757 et 1758, présenté par M. Jean-Baptiste Pottier, collecteur, à M. d'Haffrengues, subdélégué de M. de Caumartin, intendant de Flandre et d'Artois, en présence de Louis-Hippolyte Nicole, bailli, Jean-François-Joseph Duponchel, lieutenant, Nicolas-André Pottier, Jean-François Delefosse, Jean-Charles Duriez, assoyeurs. — *Recettes :* 5254 livres. — *Dépenses :* droits ordinaires des gens de loi, du greffier, du sergent et du comptable ; — vingtième denier des terres du marais ; — pension alimentaire de 25 livres par mois, à M. Grutman, vicaire, jusqu'au 19 décembre 1757, puis à M. de Dourge ; — droit de clergerie d'un demi-havot au ménage, à Valérien Couvreur, 242 livres pour 236 ménages ; — à Pierre-Joseph Bauduin, pour avoir monté la garde et gouverné l'horloge, 246 l. 18 s. ; — loyer de la maison vicariale dû à l'église ; — indemnité à M. Richard pour la nourriture des prédicateurs de la passion ; — honoraires desdits prédicateurs ; — denier César, 16 l. 16 s. par an ; — tonlieu des bêtes et laines, 24 l. par an ; — réfection des pavés ; — frais de procédure contre le seigneur ; — entretien des cloches ; gages du sonneur de la retraite. — Total : 3346 l. 5 s. 8 d.

DD 12. (Liasse). — 1 cahier in-quarto, 16 feuillets ; 1 pièce, papier.

1759-1760. — *Marais. — Comptes.* — Compte des années 1759 et 1760, présenté, le 21 juillet 1763, par M. Becquart, exécuteur testamentaire du sieur Pottier, collecteur, à M. d'Haffrengues, subdélégué de M. de Caumartin, intendant de Flandre, présents M. Nicole, bailli, Jean-François Duponchel, lieutenant, Jean-Baptiste Tobo, Nicolas-Joseph Pollet, Louis-Joseph Potteau, Athanase Marchand, assoyeurs actuels, Nicolas-André Pottier, Jean-François Delefosse, Jean-Charles Duriez, Jacques-François Bridelance, assoyeurs précédents, Joseph Marchand, Alexis Labbe, Etienne Carbon, André

Dumez, Jean-Michel Mortreux, Sébastien Cochet, fermiers. — *Recettes :* 5254 l. 4 d. — *Dépenses :* droits ordinaires, débours et vacations des gens de loi, du greffier, du sergent et du comptable ; — denier César ; — tonlieu des bêtes et laines ; — pension vicariale de M. de Dourge ; — entretien de l'horloge et des cloches ; — rente et rendage de la maison vicariale ; — à Joseph Bauduin, pour avoir monté la garde, 156 livres pour un an ; — indemnité à M. Richard, curé, pour honoraires et nourriture du récollet, prédicateur de la passion ; — droits de clergerie ; — travaux aux barrières et aux pavés ; — sonnerie de la retraite ; visite des chevaux ; — confection des plans et cartes des terres défrichées par le s^r Testelin ; — modérations et reprises. — Total : 9309 l. 14 s. 4 d.

DD 13. (Registre). — In-quarto, 170 feuillets, papier.

1764-1766. — *Marais.* — *Comptes.* — Compte des années 1764 à 1766, présenté par Pierre-Joseph Wattel, receveur, à M. d'Haffrengues, subdélégué de M. de Caumartin, intendant de Flandre et d'Artois, en présence de Simon-Joseph Lachery, bailli, Eusèbe Deleneuville, Athanase Marchand, Pierre-François Mortreux, assoyeurs de 1764, Eusèbe Deleneuville, Charles-Hubert d'Anvers, Pierre-François Mortreux, assoyeurs de 1765, Nicolas-Joseph Caullet, Simon-François Cuvellier, Pierre-François Mortreux, Charles-Hubert d'Anvers, assoyeurs de 1766. — *Préliminaires :* Procès-verbal du renouvellement des baux, le 14 septembre 1761, pour 9 ans, « vis-à-vis le cabaret sous l'enseigne de Saint-Jean, occupé par Pierre-Joseph Bauduin, lieu servant de halle ordinaire, » en présence de Louis-Hippolyte Nicole, bailli, Jean-François-Joseph Duponchel, lieutenant ; Jacques-François Bridelance, Jean-Charles Duriez, Nicolas-André Pottier, Jean-François Delefosse, assoyeurs. Total : 116 portions (dont 2 gratuites et une non adjugée), contenant 44 bonniers 312 verges, adjugées 1801 fl. 10 p. par an ; pot de vin, 900 fl. 15 p. ; denier aux pauvres, 180 fl. 3 p. — *Recettes :* 6964 fl. 2 p. 9 d. — *Dépenses :* pension vicariale de M. de Dourge, puis de M. G. F. Plaisant, depuis le 8 janvier 1766 ; — honoraires des mêmes pour les fonctions diaconales aux grand'messes ; — honoraires du récollet qui a prêché la passion et la résurrection ; — indemnité à J. F. Richard, curé ; — pension cléricale de Valérien-Jacques Couvreur, tant pour l'école que pour la clergerie et la publication des ordonnances ; — indemnité à G. F. Plaisant, vicaire, pour avoir assisté le clerc à enseigner les enfants pendant l'hiver ; — sonnerie de la retraite ; — salaire de Jean-Baptiste Mortreux pour avoir monté la garde;—loyer du corps de garde;— denier César; — tonlieu des bêtes et laines ; — vingtièmes royaux et 2 sous pour livres pour les 22 bonniers 1550 verges de marais défriché; — entretien et réparation des cloches, de l'horloge,du cimetière, des barrières du marais, des ponts et chaussées ; — « buvette » aux ouvriers à l'achèvement de l'école; — vacations et débours des gens de loi, assoyeurs et autres ; — salaires du greffier Cornillot et du sergent Pierre-François Cliquennois ; — rafraîchissements aux cavaliers de la maréchaussée et aux gardes du marais ; — frais judiciaires ; — modérations et non valeurs ; — frais de formation et d'audition des comptes. — Total : 5604 fl. 16 p. 3 d.

DD 14. (Registre). — In-quarto, 179 feuillets, papier.

1767-1770. — *Marais.* — *Comptes.* — Compte des années 1767 à 1770, présenté par Pierre-Joseph Wattel, receveur, à M. d'Haffrengues, subdélégué de M. de Caumartin, intendant de Flandre et d'Artois, en présence de Jean-François Duponchel, lieutenant, Pierre-Anselme Rose, Pierre-François Mortreux, Pierre-Joseph Marchand, Pierre-Louis Desbiens, assoyeurs. — *Recettes :* 8565 fl. 6 p. 6 d., non compris le pot de vin de l'adjudication de 1761, dont 943 l. 10 s. 7 d. ont été employés au rétablissement de l'école et 773 l. 5 s. à la construction et réparation des ponts, au chauffage du corps de garde et à la réparation des fusils de la garde. — *Dépenses :* « rondelle de bière aux sonneurs pour le service célébré pour M. le Dauphin » 14 février 1765 ; — salaires des sonneurs au service de l'évêque de Tournai ; — célébration de messes pour le bonheur de la communauté et pour obtenir le beau temps ; — pension vicariale de M. J. F. Plaisant jusqu'au 30 septembre 1768 et de M. J.-B. Deleporte, son successeur ; — aux mêmes pour leurs fonctions diaconales, la messe basse à la commodité du peuple, la bénédiction de l'eau bénite et le sermon pendant le carême ; — location de la maison du chapelain appartenant à l'église ; — droit d'un patar sur chaque cent de wardelles au profit de l'église ; — honoraires des récollets de Rosimbois pour les sermons de la passion et de la résurrection ; — nourriture desdits prédicateurs payée aux prêtres assistants A. J. Selosse, en 1768 et à J. B. J. Dernaucourt, en 1769 ; — à Valérien-Jacques Couvreur, sa pension cléricale de 10 patars au ménage et salaire pour les publications ; — honoraires des vicaires pour avoir aidé le clerc à l'école ; — denier César, tonlieu des bêtes et laines, vingtièmes royaux de 48 bonniers 1550 verges de marais ; — cotisation pour l'entretien de la milice, 360 fl. 2 p. pour 7 ans;— sonnerie de la retraite, frais de la garde, entretien des 5 cloches, soin des barrières, chauffage, poudre et balles, loyer du corps de garde ; — rafraîchissements aux cavaliers de la maréchaussée ; — gages des gardes du marais et des gardes messiers (1) ; — entretien du clocher, des cloches ,du carillon, de l'horloge ; — matière livrée à N. Regnaud, fondeur en Lorraine, pour la refonte d'une cloche, en 1771, 600 fl. 12 p. ; — barrières du marais ; — livraison de 17.942 grès à 40 fl. le mille et de 1529 pieds de bordure à 12 fl. le cent, pour les chaussées ; cendres pour les pavés ; — voiturages et salaire des paveurs ; — salaire des personnes employées comme pionniers pour le redressement de la Lys et la construction d'un pont au Bac du Croc ; — vacations et voyages des gens de loi, du greffier Marc Cornillot, du sergent et autres ; — frais du procès contre le seigneur au sujet du marais ; — frais d'un procès contre le chapitre de Seclin, au sujet de la nécessité d'un vicaire ; —

(1) Ici sont transcrits : 1° Un accord du 13 Juin 1772, par lequel Jean-François-Joseph Duponchel, lieutenant, Sébastien Cochet, Aimable-Joseph Morel, Louis-François-Joseph Marchand, hommes de fief, Pierre-François Mortreux, Pierre-Louis Desbiens, assoyeurs, nomment Pierre-François Cliequennois, sergent de Gondecourt, et Pierre-Louis Tobo, sergent du chapitre de Seclin à Gondecourt, gardes messiers aux gages de 18 écus de 48 patars. — 2° Le serment desdits messiers devant les lieutenants et échevins, le 15 juin 1772.

visite canonique et dénombrement des habitants pour le même sujet (1) ; appel au métropolitain de Cambrai, par le chapitre ; — modérations et non valeurs ; — frais de régie et de comptabilité ; — droits de formation et d'audition des comptes. — Total 11.186 fl. 2 p. 7 d.

DD 15. (Registre). — In-quarto, 271 feuillets, papier.

1771-1780. — *Marais.* — *Comptes.* — Compte des années 1771 à 1780, présenté, le 5 août 1780, par Pierre-Joseph Wattel, receveur, à M. Lagache, subdélégué de M. de Calonne, intendant de Flandre et d'Artois, en présence de Charles-Etienne-Séraphin-Joseph Breson, bailli, Louis-François-Joseph Marchand, lieutenant, Jacques-Antoine Bridelance, Pierre-André Pottier, Jean-Baptiste Rose, Jean-Charles Labbe, assoyeurs ; Jean-François-Joseph Duponchel, ancien lieutenant, Clément Minoz, André Dumetz, Pierre-François Mortreux, Pierre-Anselme Rose, Pierre-Louis Desbiens, Louis-Joseph Marchand, Jean-Félix-Emmanuel Delefosse, Jacques-François Rose, Adrien-Louis-Joseph Bauduin, Jean-Michel Mortreux, Joseph-Gabriel Duval, Jean-François Lieppe, anciens assoyeurs, assistés de Jean-François-Joseph Cornillot, fils de Marc, greffier. — *Recettes :* Fermages, 3603 florins ; — adjudication par M. d'Haffrengues, subdélégué de M. de Caumartin, le 30 août 1773, de 64 portions contenant 15 bonniers 1231 verges 3/4, au prix de 14.158 florins pour les 12 ans, payables par anticipation le 1er octobre 1773 ; — fermage du marais inondé, 13 bonniers 1221 verges dont 2 bonniers 14 cents réservés pour le rouissage et 230 verges pour le rivage ; — droit d'un havot de blé dû par 255 portions ménagères ; — produit des plantis et des herbes, 48 fl. ; — pots de vin des baux, 658 fl. 13 p. 6 d. ; — emprunt de 6000 livres de France faisant 4800 florins ; — total : 33.240 fl. 11 p. 9 d. — *Dépenses :* funérailles de Louis XV ; — messes pour la santé du roi et le bonheur de la communauté ; — honoraires de M. Deleporte,

(1) Mention du sieur Selosse, ci-devant vicaire de Gondecourt, puis chapelain des Ursulines de Tourcoing.

vicaire, pour la messe basse du dimanche et ses prédications ;
— honoraires des minimes et des récollets pour les prédications
et indemnité à M. Sablon, curé, pour leur nourriture ; —
gages de Valérien-Joseph Couvreur, pour la clergerie et l'école ;
— denier César, tonlieu des bêtes et laines, vingtièmes royaux
pour les défrichés ; — frais des soldats provinciaux ; — sonnerie de la retraite ; — gages des messiers ; — intérêts de
8146 fl. 19 p. empruntés par la communauté ; — frais de
procédure ; — entretien du clocher, des cloches, de l'horloge ;
— refonte d'une cloche par Nicolas Regnault, 172 fl. 16 p. ; —
entretien des pavés et des fossés du marais ; — travaux à
l'église, 2306 fl. 12 p. ; — construction d'un nouvel autel en
bois, 603 fl. 10 p. ; — à Testelin, doreur, « pour avoir remis en
couleur S. Martin » 19 fl. 4 p. ; — subvention à la Table des
pauvres, 300 fl. ; — dixième denier aux pauvres des baux des
terres du marais, 68 fl. 18 p. ; — vacations des gens de loi et
autres ; — abonnement aux arrêts et ordonnances imprimés
chez Peterinck à Lille ; — boisson fournie aux habitants lors
des adjudications du marais, 206 fl. 3 p. 10 d. ; — frais judiciaires « 2124 fl. 10 p. 11 d. pour les dépens auxquels la
communauté a été condamnée le 4 août 1772 au profit du
seigneur » ; — frais de charrois pour le service du roi ; —
modérations et non valeurs ; — frais de régie et de comptabilité ; — honoraires des auditeurs et frais de voyages ; —
total : 36.298 fl. 18 p. 6 d.

DD 16. (Registre). — In-quarto, 267 feuillets, papier.

1780-1781. — *Marais.* — *Comptes.* — Compte des
années 1780-1781 présenté par Pierre-Joseph Wattel, receveur,
à M. Lagache, subdélégué de M. de Calonne, intendant de
Flandre et d'Artois, en présence d'Etienne-Séraphin-Joseph
Breson, bailli, Louis-François-Joseph Marchand, lieutenant,
Pierre-André Pottier, Jean-Baptiste Rose, Jean-Charles
Labbe, anciens assoyeurs, Jean-Baptiste Delefosse, Aimable
Muret, Pierre-François-Louis Leleu, Sébastien Cochet, as-
soyeurs actuels. — *Recettes :* 3415 fl. 13 p. 2 d. — *Dépenses :*

denier César, tonlieu du pied fourché, vingtièmes royaux du marais ; — sonnerie de la retraite ; — ouverture et fermeture des barrières ; — frais des descentes des cavaliers de la maréchaussée ; — gages des messiers ; — entretien des cloches, du clocher, des pavés, des fossés du marais, du « petit clocher », de l'école, des ponts; — dépenses de bouche à l'adjudication du marais ; — subvention à la table des pauvres, 200 florins; — vacations, voyages et débours des gens de loi, du sergent et autres, pour la visite des chemins, etc. ; — frais du procès contre le baron de S. Symphorien au sujet du marais et recherches concernant le marais que l'on croit avoir été donné par Marguerite, comtesse de Flandre, etc. ; — modérations et non valeurs ; — frais de régie, recouvrements et comptabilité ; — droits des auditeurs du compte ; — total : 16.741 fl. 11 p. 6 d.

Série EE

Affaires Militaires.

EE 1. (Liasse). — 1 cahier in-folio, 19 feuillets ; 1 pièce, papier.

1676-1693. — *Affaires militaires.* — Pertes et dommages supportés par les manants de Gondecourt à raison du logement de l'armée du maréchal de Chomberg, ès villages d'Enneullin, Allennes, etc., les 6 et 7 août 1676, et dont les soldats sont venus fourrager ledit village de Gondecourt ; — frais d'un sauvegarde pour la conservation du fort, 184 livres ; — total des frais et pertes, 8000 livres. — Reçu de 257 florins pour un quinzième d'indemnité. — Débours d'Antoine Romon, hôte à Gondecourt, de janvier à novembre 1693, pour les logements de soldats et autres frais occasionnés par le passage des troupes ou des pionniers, 58 l. 18 s.

EE 2. (Liasse). — 1 pièce, papier.

1789. — *Milice.* — Requête des jeunes hommes de Gondecourt aux quatre grands baillis, pour forcer Constant Caby, jeune homme se disant médecin de chevaux, à acquitter les 15 patars de sa cotisation, comme faisant partie de la première classe pour la milice de 1789.

Série FF

Justice ; Procédure ; Police.

(Vacat)

Série GG

Culte ; Instruction ; Assistance Publique.

GG 1. (Registre). — In-quarto étroit, 101 feuillets, papier. (1)

1619-1669. — *Baptêmes, mariages et sépultures.* — 12 mars 1622, Mathias Hourier, pasteur. — 28 avril 1622, Jérôme Le Saige, curé d'Herrin. — 10 mai 1622, Germain Labbe, lieutenant. — Décembre 1622, Jehan Buisine, clerc. — Charles Ruyant, clerc de Gondecourt, a faict sa résidence au Noël de l'an 1623 (2). — 28 novembre 1624, Simon Masquelier, chapelain. — 21 septembre 1624, baptême de Jeanne-Louise de la Broie, fille de M. Louis de la Broie et de Mme Claire de Havrech ; parrain Jean de la Broie, chanoine de la cathédrale de Saint-Omer ; marraine Jeanne de Havrech, dame de Warcoing. — 9 juin 1628, Louis Rousselle, curé de Camphin. — 21 février 1630, marraines Claire de Havrech, douairière du Vieux-Sailly et du Bois et Marie-Charlotte de la Broie. — 1er mars 1638, parrain Mathias Hourier, pasteur. — 8 février 1639, Pierre de Haze, chanoine écolâtre de Seclin, parrain, et Jeanne de la Broie, marraine — 1642. Le jour de S. Bartholomé, les Franchois ont venu siéger Lille ; depuis, les guerre

---

(1) Plusieurs feuillets de ce registre sont détériorés et incomplets ; d'autres ont disparu. Ce registre n'ayant pas de pagination, des feuillets détachés de leur cahier ont été placés sans ordre dans le corps du volume par le relieur ; de là résultent de fréquentes transpositions dans l'ordre chronologique.

(2) On trouve dans ce registre un grand nombre de mentions semblables à celle que nous citons. Après les actes de mariage se trouve ordinairement la formule : *Pour aller résider à* .... ou cette autre : *Pour résider audit Gondecourt.*

et mortalité. — 8 octobre 1647, Nicolas Morel, pasteur de Camphin. — 10 décembre 1650, Charles Ruyant, clerc. — 20 août 1651, Antoine Ruyant, chapelain. — Après un acte d'avril 1654 : *Piatus Ruyant scribit baptismos.* — Noël 1657, Charles Brullant, chapelain. — *Nomina eorum qui fuerunt confirmati anno Domini 1648 et 28ª octobris a R. D. episcopo Tornacensi, Francisco Villain. In cujus rei testificationem subsignavi : Nicolaus Ringot, in Gondecourt parochus.* — Listes des confirmés du 23 mars 1653 et du 17 mars 1659. — 23 août 1625, décès de messire Louis de la Broie, seigneur du Vieux-Sailly et du Bois.

GG 2. (Registre). — In-octavo large, 238 feuillets, papier.

1666-1711. — *Baptêmes, mariages et sépultures.* — *Ad usum ecclesiæ parochialis de Gondecourt prope Seclin a XIX martii 1666. Ita est, Joannes Desnoulet, hujus ecclesiæ pastor.* — 1er janvier 1669, Michel Turbelin, pasteur. — 27 janvier 1671, Gilles Winglet, chapelain. — 27 septembre 1672, Jean Delemer, pasteur. — 23 mai 1679, Jean-Jacques de la Broye, seigneur de Gondecourt. — *Vidimus in visitatione, die 13ª junii 1679. Gilbertus episcopus Tornacensis.* — Après un acte du 3 février 1707 : *Cura vacante per demissionem R. D. Joannis Delemer, nunc parochi Orchiacensis, baptizati sunt sequentes a R. D. Joanne Philippo Desmaziers, hujus parochiæ vice-pastore.* — *Tempore obsidionis urbis Insulensis a 13ª augusti 1708 usque ad 11 decembris.* — Après le 12 décembre 1708 : *hic est initium pastoratus R. D. Joannis Philippi Desmaziers.* — 4 mai 1672, *obiit magister Michael Turbelin, pastor hujus loci.* — 9 mars 1690, *obiit Joannes Delefosse, locum tenens hujus loci.* — 10 septembre 1707, *in ecclesia sepulta est illustrissima hujus pagi domina Maria Joanna Fauconnier de Broïde.* — 1er février 1709, *sepulta est domina Maria Cramette de Peromez.* — 5 août 1709, *fuit occisus a militibus gallis, ante sacellum Joannis Marchand, Adrianus-Ludovicus Marchand.* — *Liber matrimoniorum. 1666.* — 8 février 1668, *Superscripti inter se inierunt matrimonium Carolus Lerouge, hujus parochiæ clericus et Antonia Lequint.*

GG 3. (Registre). — In-quarto, 131 feuillets, papier.

1707-1737. — *Baptêmes, mariages et sépultures* (1).
— *Ad usum ecclesiæ parochialis de Gondecourt, juxta Seclin
a 12 martii 1707, R. D. magistro Joanne-Philippo Desmazières,
vice-pastore.* — En 1708, 28 baptêmes. — *Vidimus in visitatione nostra archidiaconati, 28 julii 1718, Josephus Delabas-
sardrie, archidiaconus.* — Le 1er de décembre 1720 environ les
huit heures du soir, est tombé par un grand vent le moulin
d'Herrin ; il avoit auparavant esté bâti par Jean-Philippe
Fourière, charpentier, en l'an 1693, aux frais de Mathias
Lequint. — En 1720, 38 baptêmes. — En 1730, 42 baptêmes.
— 1736, *Vicarius hujus loci, Lesage ex Frelinghiem* — 14 janvier 1737, dernier acte de Lesage, vicaire. — En 1708, 21 décès.
— Après les décès de 1709 : *Mediam partem ex illis omnibus
supra dictis fame interiisse testor. J. P. Desmazières, pastor.* —
*7 aprilis 1715 obiit in Domino R. D. magister Vincentius Tes-
telin, hujus ecclesiæ capellanus jam a 40 circiter annis.* —
*Die 6 aprilis 1719, circa undecimam vespertinam obiit Insulis
illustrissimus ac vir nobilis Dominus Du Jonquois de Kessel,
etc., sacramento extremæ unctionis præmunitus, eodem die
satisfecerat debito paschali in sua parochia et sepultus est in
Wattignies die 8ª circa septimam matutinam.* — En 1720,
6 décès. — *9 novembris 1723, extrema unctione munitus desiit
vivere Seclinii Reverendus admodum dominus Jacobus Dujardin, ætatis anno 56 et 5 mensibus ut patet ex nostro registro
baptismali die 11ª junii 1667, sacerdotii 28, necnon collegiatæ
S. Piati oppidi Sicliniensis canonicus et sepultus in eadem
ecclesia die sequenti.* — *13 julii 1724, hora secunda matutina,
obiit Insulis, omnibus sacramentis præmunita, nobilis domi-
cella Magdalena Philippina de Kessele de Gavelans et sepulta
est eadem die in Wattignies, ætatis suæ circiter 77ª.* — *27 novembris 1726, obiit magister Jacobus Couvreur, clericus hujus
parochiæ jam a 55 circiter annis, necnon primus minister con-
fraternitatis fidelium defunctorum ætatis annum agens 73.* —

(1) Les actes de 1707 à 1711, inscrits au registre précédent, ont été transcrits
sur celui-ci par le curé Desmazières.

En 1730, 14 décès. — En 1734, deux morts subites « *factis omnibus requisitis in tali casu per justitiam Chisoniensem.* » — Plusieurs inhumations dans l'église. — Copie d'une requête de M* Jean Delemer à l'évêque de Tournai, pour bénir une image de la Vierge sous le titre de Notre-Dame de Miséricorde. — *Cura vacante juncti sunt matrimonio sequentes.* — En 1708, 3 mariages ; — en 1720, 8 mariages ; — en 1730, 13 mariages. — *24 mai 1707, Jacobus Couvreur, custos.*

GG 4 à 7. (Registres). — In-quarto, 20 feuillets chacun.

1737-1740. — *Baptêmes, mariages et sépultures.* — En 1737, J. Lesage, vcaire de Gondecourt. — En 1738 Jacques Lesage, desserviteur. — *Vidi in visitatione facta 3ª septembris 1739, De Recq, christ. decanus.* — 14 septembre 1739, décès de Jean-Philippe Desmazères, pasteur, âgé de 62 ans. — En 1740 : C. A. Duhamel, vicaire. — 18 janvier 1740, Richart, pasteur. — 4 avril 1740, décès de J.-B. Homon, censier de la Motte et lieutenant. — En 1740, 29 baptêmes, 4 mariages et 24 sépultures.

GG 8 à 17. (Registres). — In-quarto de 20, 12 et 10 feuillets.

1741-1750. — *Baptêmes, mariages et sépultures.* — En 1741, C. A. Duhamel, vicaire. — 1ᵉʳ janvier 1743, décès de Nicolas Lequin, lieutenant. — *Vidi in visitatione facta 18ª maii 1743, De Recq, Christ. decanus.* — 11 juin 1744, dernier acte de C. A Duhamel, vicaire. — 23 août 1744 au 8 octobre 1748, P. F. Cuvelier, vicaire. — *Vidi in visitatione facta 18ª maii 1747. De Recq, Christ. decanus.* — 14 janvier 1749, au 10 septembre 1750, J. L. Prévost, vicaire. — 3 avril 1749, Jean-Baptiste Morelle, lieutenant, Jacques Rivelois et Cyprien Bacqueville, échevins. — 23 septembre 1750, premier acte de J. C. Baron, vicaire. — En 1750, 40 baptêmes, 10 mariages et 78 sépultures.

GG 18 à 27. (Registres). — In- quarto, 10 feuillets chacun.

1751-1760. — *Baptêmes, mariages et sépultures.* —
27 juillet 1752, dernier acte de J. C. Baron, vicaire. — 14 août
1752 au 24 juin 1754, L. J. Mazurelle, vicaire. — En 1754,
nombreux actes de J. B. Prévost, prêtre, « par commission. »
— 24 novembre 1754 au 27 octobre 1757, P. J. Grutman, vicaire.
— 7 janvier 1758, premier acte du D. Dedourge, vicaire. —
En 1760, 33 baptêmes, 5 mariages et 17 sépultures.

GG 28 à 37. (Registres). — In-quarto, 10 feuillets chacun.

1761-1770. — *Baptêmes, mariages et sépultures.* —
11 septembre 1764, dernier acte du vicaire Dedourge. — 26 janvier 1765 au 24 septembre 1769, Selosse, prêtre assistant. —
o janvier 1766 au 29 juillet 1768, G. F. Plaisant, vicaire. —
13 octobre 1768, premier acte de J.-B. Deleporte, vicaire. —
6 octobre 1769, premier acte de J .B. J. Dernaucourt, prêtre
assistant. — En 1770, 39 baptêmes, 12 mariages et 19 sépultures.

GG 38 à 56. (Registres). — In-quarto, 10 feuillets chacun.

1771-1789. — *Baptêmes, mariages et sépultures.* —
1er janvier 1771, Josse-François Richart, curé l'espace de 31 ans,
décédé le 30 décembre 1770, âgé de 68 ans, fut inhumé en
présence de Philippe-Charles Dumaret, curé de Chemy,
F. G. Delahaye, curé d'Herrin et J.-B. Castelain, curé d'Alesnes-
les-Marais. Dernaucourt, desserviteur. — 6 octobre 1771, premier acte de Sablon, curé.

GG 57. (Liasse). — 6 pièces, papier.

1603-1681. — *Eglise paroissiale.* — Testament de
Martine du Béron, femme de Samuel Testelin, léguant à l'église
une rente annuelle de 50 sous, à charge d'un obit. 26 juin 1603.
— Accord entre Nicolas-François de la Broye, dit de Laval,

écuyer, seigneur d'Estaimbourg, Essarts, etc., fils de Jean, chevalier, seigneur desdits lieux, Gondecourt, Prouville, etc., et Jean Delemer, pasteur de Gondecourt, Mathias Desnoullet, marguillier et Antoine Desbiens, pauvriseur, au sujet de deux pièces de terre appartenant à l'église et aux pauvres et tenues de la seigneurie de Prouville, le dit seigneur prétendant obliger l'eglise et les pauvres à servir le rapport de ces terres chargées du dixième denier à la mort des responsibles. — Adhéritement pardevant Quentin Corniilot, bailli de MM.Lambert Deckre et Jacques-Benoit Boulbour, prêtres, chanoines de Seclin, présents Philippe de le Rive, Pasquier Ballet, Grégoire Lenglart, hommes de fief du chapitre, de deux cents de terre a labour, sis à Gondecourt, vendus, le 29 octobre 1677, par Pierre de le Neuville, laboureur, à Mathias Bernard, marguillier, au nom de l'église. 8 juillet 1678. — Donation à l'église par Sébastien Cochet, fils de feu Jacques, de deux rentes de 100 florins chacune, à charge de 12 messes du Saint-Esprit, le premier lundi de chaque mois. 11 avril 1680. — Consentement donné à cette fondation et à une autre fondation au profit des pauvres, par Louis Lequint et Laurence Cochet, sa femme, neveu et nièce de Sébastien Cochet. 28 juin 1680. — Déclaration faite, le 7 mars 1681, des biens acquis par l'église depuis le 1er janvier 1621 : fondation de Mathias Houriez, curé de Gondecourt, 18 florins de rente à charge de 14 messes ; fondation de Wallerand Brouette, curé de Gondecourt, « décédé il y a 75 ans et plus », 2 cents de terre donnés à la chapelle Notre-Dame, à charge de 34 messes ; rente de 150 livres en capital, pour les obits de sire Nicaise Labbe, de Philibert Marchand, de Jeanne Duriez et de Lambert de le Vallée ; rente de 100 florins, pour l'obit et la messe de missus de messire Piat Ramon, et pour l'obit de Michel Morel et de Péronne Delobel, sa femme ; rente de 15 patars pour l'obit de Catherine Bridelance ; rente de 31 p. 3 d. pour l'obit de Suzanne Darthois, fondé le 21 novembre 1621 ; rente de 3 fl. 17 p. 6 d. pour les deux obits de Pasquier Burette et de Louis Maupaye ; rente de 3 fl. 13 p. à charge de 5 messes du S. Sacrement ; rente de 100 fl. pour les dix messes fondées par

Lambert Delevallée ; rente de 175 fl. pour une messe mensuelle du S. Sacrement fondée par Laurence Warquain ; rente de 50 l. pour . obit de Jean Bertoul; rente de 100 fl. donnée par Jean Delevallée, pour trois messes et les heures de l'octave du S. Sacrement; rente de 100 fl. pour les deux obits de messire Wallerand du Rot ; rente de 100 fl. pour les obits de Pierre Morel, de Michel Morel et Michelle Dorchies, ses père et mère, et de maître Antoine Dorchies, son oncle ; rente de 50 l. au profit de la chapelle, à charge d'un obit pour Marin Cramette ; rente de 150 fl. pour 12 messes du Saint-Sacrement ; rente de 300 l. pour les trois obits de Me François Marquant ; rente de 100 l. appartenant à la chapelle, pour l'obit de Nicolas Ringot, jadis curé ; rente de 275 l. pour les deux obits de Jean Mengier et Françoise Le Borgne, sa femme, pour 4 messes de Notre-Dame fondées par Piat Marchant et pour l'obit de Jeanne Le Merchier ; rente de 50 florins pour les deux obits de Jean et Denise Bernard.

GG 58. (Liasse). — 3 pièces, parchemin ; 6 pièces, papier.

1688-1738. — *Eglise paroissiale.* — Fondation d'un obit, de deux messes de Notre-Dame et d'une messe de requiem, au profit de la chapelle Notre-Dame, par Piat Leborgne, fils ue Guillaume. 14 août 1688. — Acceptation de la fondation, par Jean-Philippe Desmaziers, curé, et Pasquier Dubois, marguillier et assignation du revenu nécessaire sur 7 quartrons de terre, tenus de la seigneurie de Gondecourt, et sur 4 cents de pré, tenus de la seigneurie de Guermanez, relevant de celle de Gondecourt, pardevant Jean-Baptiste Ramon, lieutenant, ..drien Lepez, Pierre Delefosse, Bartholomé Bottin et Pierre-Louis Caullez, hommes de fief de Gondecourt. 9 janvier 1714. — Compte de la gestion des lettres de rentes de l'église, présenté le 8 septembre 1714, à M. Desmaziers cure, Jean-Baptiste Ramon, lieutenant, Adrien Lepez, Pierre Delefosse, Jean Baptiste Mortreux, Anselme Cuvelier, Bartholome Bottin, et Pierre-Louis Caulet, homme de fief, par Pasquier Dubois, marguillier. *Recettes :* remboursement de capitaux : 100 l. de la fondation de Jean Delevalez, censier d Haillies ; 120 l. de la fondation de

Pasquier Burette et Louis Maupaie ; 90 l. 17 s. de la fondation des messes de la Trinité ; 350 l. de la fondation de Laurence Warquain ; 106 l. de la fondation de M° François Marquant ; 100 l. de la fondation de M° Piat Ramon. Total : 866 l. 17 s. — *Dépenses :* 250 l. remises en rentes ; 329 l. à Pierre Duriez, cirier à Lille, pour livraison de cires, hosties, etc. ; fourniture d'ardoises et réparations au toit de l'église. Total des dépenses égal aux recettes. — Bail par Pasquier Dubois, marguillier, au profit de Jacques Couvreur, clerc, de la maison contiguë à l'école, appartenant à l'église et contenant un demi-cent d'héritage, au rendage de 20 l. 1ᵉʳ décembre 1714. — Constitution par Jean-Jacques Bridelance et sa femme, au profit d'Adrien Lepez, marguillier, d'une lettre de rente de 15 l. 12 s. 6 d. au rachat de 250 l. provenant de la fondation des messes mensuelles du S. Sacrement par Jean de Lamory, curé de Gondecourt, et des messes de Jean et Louis Delevalez, censiers d'Haïllies. 20 janvier 1718. — Rentes remboursées à l'église : 200 l. de la fondation de Piat Ramon, de Michel Morel et de Péronne Delobelle, sa femme ; 100 l. de la fondation de 6 messes de requiem par Jean et Louis Delevalez ; 64 l. de l'obit de Wallerand et Antoine Durot ; 150 l. des messes du S. Sacrement d'Amand Duriez et de M° Lamory ; 100 l. des obits de Jean et Denise Mortreux ; 50 l. de l'obit de Guilbert Rose et Marie Lemesre, sa femme ; 100 l. de l'obit de Jean Marchant, dit boiteux ; 84 l. des obits de Jeanne Lemesre, de Nicolas Lemesre et Catherine Duponchelle, sa femme ; 50 l. de l'obit de Marie Mouque ; 350 l. des messes du S. Sacrement pour Laurence Warquain ; 50 l. de l'obit Jean Bertoul ; 200 l. d'une fondation non spécifiée ; 200 l. des messes du premier samedi du mois, des messes de S. Joseph et de Sᵗᵉ Anne ; 50 l. de l'obit de Martin Cramette et Jeanne Bertoult, sa femme ; 300 l. des messes du S. Sacrement de Wallerand Cochet ; 350 l. de la fondation de Sébastien Cochet ; 300 l. de l'obit de M° Nicolas Ringot et des trois messes de dᵉˡˡᵉ Catherine de la Broye ; 150 l. d'une fondation non spécifiée ; 200 l. de la fondation de Jean Delevallée pour l'octave du S. Sacrement. — Fondation par Pierre, Antoine et Catherine Delefosse, enfants de feu

Antoine et de Marie Marchand, de 12 messes de la Vierge
et de 12 messes du S. Esprit, au moyen d'une rente de 31 fl.
5 p. 7 septembre 1725. — Quittance de 15 l. pour amortissement
d'une rente de 4 fl. donnée à l'église par Jean-Henry Pottier,
exécuteur testamentaire de Marie-Catherine Desfontaines.
11 novembre 1733. — Constitution par J.-B. Lieppe, marguillier, sur Agnès Lieppe, veuve de Jean-François Mannier, d'une
rente de 4 fl. 16 p. au rachat de 100 fl. provenant d'un don
de Barbe Durot. 12 mai 1738.

GG 59. (Liasse). — 13 pièces, papier.

1759-1783. — *Eglise paroissiale.* — Compte rendu
par les gens de loi de l'argent qu'ils ont pris au ferme de
l'église et provenant d'une vente de bois faite, en 1759, dans
les wardelles, au profit de l'église ; 698 l. 14 s. 5 d. employés
à la réfection de la maison du chapelain et de l'école. — Etat
de Jean-François Duponchel : *recettes :* 200 florins du remboursement d'une rente ; *dépenses :* 99 fl. pour plomb livré à
l'église ; 301 fl. 4 p. pour une chaire de vérité fournie par
L. J. Hubert, menuisier à Lille ; 52 fl. 11 p. pour dentelles et
batiste. 7 novembre 1770. — Requête à la Gouvernance par
Jacques-François Rose, marguillier, et autorisation de donner
en bail emphytéotique de 100 ans, 375 verges de terre tenues
en cotterie de la seigneurie de Gondecourt. 11 décembre 1783.
Sommes dues annuellement à l'église par le collecteur, sur les
revenus du marais : 20 l. pour 200 ménages qui dépouillent
chacun un cent de wardelles ; 18 l. 15 s. pour les fermiers occu-
pant 3 bonniers 2 cents de marais, sur les quels l'église possède
un droit de 6 livres au bonnier ; 18 l. 15 s. pour la location de
la maison du chapelain. Total 80 l. 15 s.

**GG 60. (Liasse). — 1 cahier in-folio, 28 feuillets (1), 1 pièce, pa-
pier.**

1652-1653. — *Comptes de l'église et de la chapelle
Notre-Dame.* — Compte présenté, le 13 février 1659, à Jean

(1) Manquent quelques feuillets au commencement et à la fin.

Desnoullez, pasteur, Jean Mortreul, lieutenant de messire Jean de la Broye, chevalier, seigneur d'Estaimbourg, Gondecourt, etc., en présence de Jean Le Borgne, Jaspar Boulenger, Philippe Wattrelos, Mathias Bernard, hommes de fief, par Antoine Delefosse, fils de Louis, et Isidore Warquain, fils de Quentin, margliseurs pour une année échue le 30 septembre 1653. — *Recettes :* 1° Rentes en blé, à 11 livres la rasière, 35 l. 15 s. — 2° Rentes en avoine à 5 l. 4 s. la rasière, 10 l. 8 s. — 3° Sous rentes en argent, 5 l. 10 s. — 4° Chapons à 40 s. l'un, 10 livres. — 5° Rente de cire, à 30 s. la livre, 40 s. — 6° Rendage des terres : 3 cents 1/2 pour l'obit d'Isabeau de le Rue , 9 cents pour les obits de Rogie du Bois, écuyer, seigneur dudit lieu ; 4 cents pour l'obit de la dame de Sainte Aldegonde ; 2 cents et demi et 6 cents 1 quartron des obits de Jacques Ramon ; 3 cents 3 quartrons ; total 29 cents rendant 120 livres (1). — 7° Rentes héritières dues par M. d'Estaimbourg pour la maison du Rothoir, par achat de M. de Pérenchies, et autres, pour les obits de Pierre le Wartel, Isabeau Piplart, femme de Léon Wicart, M° Wallerand Brouette, curé, Michel Eschapet, M° Piat Ramon, Tassart Despretz, sire Jacques de Nœuville, Jacqueline Warquain, sire Jean Poillon, Jean de le Vallée, Vincent Legrard, curé d'Annœullin, Catherine Bridelance, Wallerand et Antoine du Rot, Jeanne Le Merchier, Jeanne Duriez, Jean Lamory, curé, Melchior Lamereaux et Isabeau Marchant, sa femme, Georges de Bassecourt, Denis Bernard, Suzanne d'Artois, Nicolas Lemesre, Philibert Marchand, Jean Marchant, dit boiteux, Jeanne Lemesre, Nicolas Lemesre et Catherine Duponchel, sa femme, Antoine Marchand et Vinchenette Cochet, sa femme, Piat Marchand, Charles de France et Antoinette Bertoul, sa femme, Pasquier Burette, Louis et Noelle Lefebvre, Marguerite Maupaie, Jean de le Vallée, Martine Dubron, Lambert de le Vallée, Françoise Le Borgne, Jeanne Le Merchier, Marie Moucque, Jean Hermant et Catherine Durot, Laurence Warquain, Jean Bertoul, Mathias Houriez, curé, Jeanne Morel, Wallerand Cochet, 328 l. 12 s.

---

(1) A cause des modérations accordées cette année, il faut ajouter un quart, pour connaître les revenus exacts.

3 d. — 8° Coffret de S Guislain et de S. jean, 5 l. ; et louage de la maison d'école, 20 l. — 9° Blé en gerbes, grains battus, œufs et beurre vendus au profit de l'église, 40 l. 11 s. — 10° Levée du platelet ; pourchats ; offrandes ; dons testamentaires, 29 l. 3 s. 8 d. — 11° Wardelles, 23 l. 12 s. — 12° Droit de 6 l. au bonnier sur les terres du marais baillées en location, 37 l. 10 s. pour deux ans. — Total : 668 l. 2 s. — *Dépenses :* 1° Acquit des fondations ci-dessus et des obits de Jean Pipelart, Pasque Warquain, Jean du Maretz, Denise Mortreux, Jean de la Derrière, Barbe de le Masre, Jacques Théry, Mathieu Deneufville, Gilles Lefebvre, Druart Pipelart, Jean Marchant, Josse Bétremieu, Nicaise Labbe, Jean Hacoul, Jean Durot, Denis Warquain, curé de Chemy, Antoine Bauduin, Jacques Pipelart, Jean Morel et Jeanne Henniart, sa femme ; Jean Ramon, prêtre de Quesnoy, Michel Hermant, Druart Duponchel et Marie du Castel, Jacques Bertran et Catherine Lereult, Jean Berna, Michel Morel et Péronne Delobel, Jean Le Denys et Marie Lansel, Colette Leleu, Jean Ramon et Jacqueline Bauduin, Martin Cramette et Jeanne Bertoul, M. de la Broye, écuyer, seigneur du Bois, Amand Duriez, Jean Lamory, curé, Jean Le Borgne, Nicaise Ramon, Louis de la Vallée ; en totalité, 166 messes et obits ; au curé 175 l. 10 s. 6 d.; au chapelain, 8 l.; au clerc, 88 l. 2 s. 6 d.; aux marguilliers, 1 l. 16 s.; aux pauvres assistants, 35 l. 18 s. ; total : 309 l. 7 s. — 2° Mises ordinaires et extraordinaires : fonctions diaconales du chapelain, 8 l.; droit de visite du doyen de Seclin, 30 s. ; vin de la cave du chapitre de Seclin, 28 l. 17 s. ; cire, pain, encens, huile, etc.; aux porteurs de croix et gonfanons pour la procession, le jour de la Trinité à Seclin et à N.-D. de Libercourt, 12 s. ; frais d'entretien et de réparation de l'église ; dépenses de bouche des pourchasseux de gerbes ; frais d'un acte passé devant François Lefebvre, curé de Sailly, comme notaire ; salaire du greffier pour les comptes, etc. Total : 235 l. 16 s. 6 d. — Total des dépenses : 545 l. 3 s. 6 d. — Compte des mêmes, comme ministres de la chapelle Notre-Dame, fondée par Wallerand Brouette, curé (incomplet).

GG 61. (Liasse). — 1 cahier in-folio, 36 feuillets, papier.

1675-1676. — *Comptes de l'église et de la chapelle Notre-Dame.* — Recettes : 1° rentes en blé : 32 l. 10 s. — 2° rentes en avoine, 8 l. 2 s. — 3° sous rentes en argent : 13 l. 2 s. — 4° chapons, 7 l. — 5° rente de cire, 40 s. — 6° rendage des terres, 2 bonniers 8 cents : 149 l. 17 s. (modération d'un quart). — 7° rentes héritières : 343 livres 19 s. 3 d. — 8° Coffret de S. Guislain et S. Jean et rendage de l'école, 30 l. — 9° Gerbes, herbe du cimetière, levée du platelet, pourchats, offrandes, etc. ; — rachats de rentes, 523 l. 18 s. 9 d. — 10° Wardelles, 22 l. 12 s. — 11° droits sur terres louées au marais, 18 l. 15 s. — Total : 1151 l. 16 s. 8 d. — Dépenses : 1° acquit des fondations : 3 obits fondés par François Marquant, horiste de Ste Catherine à Lille, au curé, 6 l., au clerc, 3 l. ; obit de Me Nicolas Ringot, curé de Gondecourt, au curé, 60 s., au clerc, 30 s. ; etc. ; droits des saintes huiles. — Total : 276 livres. — 2° Frais du culte et divers : 796 l. 18 s. 2 d. — 3° sommes irrécouvrées : 43 l. 10 s. 9 d. — Total des dépenses : 1116 l. 8 s. 11 d. — Excédent des recettes : 35 l. 7 s. 9 d. — Compte de la chapelle Notre-Dame rendu par Nicolas Dorchies, margliseur et administrateur de ladite chapelle (incomplet).

GG 62. (Liasse). — 1 cahier in-folio, 26 feuillets, papier.

1683-1684. — *Comptes de l'église et de la chapelle Notre-Dame.* — Compte présenté à Jean Delemer, pasteur, Gérard Mortreul, lieutenant, Jaspart Boulengier, Nicolas Henneron, Jean de le Fosse, hommes de fief, le 22 novembre 1685 par Pierre Legrand, au nom de sa mère, Catherine Delefosse, pour son père, feu Nicolas Legrand, marguillier. — Recettes : rentes en blé ; — rentes en avoine ; — sous rentes en argent (1); — chapons ; — cire ; — rendage des terres ; — rentes héritières ; — coffret de S. Guislain et S. Jean et rendage de l'école ; — herbe du cimetière, gerbes, offrandes, etc. ; — droit sur les wardelles. Total : 762 l. 18 s. 11 d. — Dépenses : acquit

____

(1) Mention d'Henri de Broïde, seigneur de Gondecourt.

des fondations : au curé Jean Delemer, 180 l. 2 s., au clerc, 94 l. 10 s. ; aux pauvres, 24 l. 16 s. ; au chapelain Me Vincent Testelin, 21 livres 12 s. ; — frais de petites réparations à l'église ; vin, cires et autres frais du culte ; — préaux pour le jour du S. Sacrement ; — procession à Seclin et à Libercourt ; — entretien de l'église ; — frais de la requête présentée à Tournai pour réparer le chœur ; — pour la réduction de la messe du S. Sacrement et autres obits ; — saintes huiles ; — frais des comptes. Total : 704 l. 4 s. — Excédent de recettes : 58 l. 14 s. 11 d. — « Le jour de ce compte fut dépensé par les gens de loi au logis d'Alexandre du Burcq la somme de 15 l. 10 s. » — Compte de la chapelle Notre-Dame fondée par Me Wallerand Brouette. Recettes : rentes héritières et rendage de 3 cents 1/2 de terre : 113 l. 4 s. — Dépenses : au comptable, pour son salaire 6 l. ; — au greffier pour formation du compte, 40 s. ; — à Me Vincent Testelin, prêtre et chapelain de Gonde-court, pour les deux messes hebdomadaires fondées par Me Wallerand Brouette, curé, 66 l. 7 s. ; au clerc, 19 l. 13 s. ; audit Testelin pour trois messes fondées par d^{elle} Catherine de la Broye, veuve d'Antoine Lecocq, écuyer, le jour de l'Assomp-tion et les jours de saint Martin, 10 l. ; au clerc, 20 s. ; — audit chapelain pour les messes fondées par Jeanne de le Vallée, femme de Pierre Cochet, 24 s.; au clerc, 12 s.; au curé, pour la recommandation du dimanche, 5 sous. — Total : 107 l. 1 s.

GG 63. (Liasse). — 1 pièce, papier.

1696. — *Comptes de l'église.* — Fragment d'un compte rendu e 1696, paraevant H. de Broïde de Gondecourt, Jaspart Boullengier, Jean Delemer, pasteur de Gondecourt, Antoine Mortrœul, Nicolas Henneron, Adrien Lepé, Pierre de le Fosse, André Dumet et Ph. A. Duriez. — « Le jour de la présentation et clôture du présent compte, en présence des lieutenant et hommes de fief y dénommés, a été résolu par le seigneur de Gondecourt que doresnavant il ne sera permis de faire aucune dépense à l'audition des comptes, non plus de l'église que de la pauvreté et que s'il s'en fait ce sera à la charge des particuliers ; néanmoins, voulant bien donner quelque récompense audit lieutenant et hommes de fief pour leur emploi à l'audition desdits comptes, il leur sera passé ès mises d'iceux la somme de 5 livres parisis à partager entre eux. »

GG 64. (Liasse). — 4 cahiers in-folio, ensemble 140 feuillets, papier.

1698-1702. — *Comptes de l'église et de la chapelle Notre-Dame.* — Comptes rendus à messire Henri de Broïde, chevalier, seigneur de Gondecourt, Jean De'emer, pasteur, Georges Desbiens, lieutenant, Nicolas Henneron, Antoine Mortreul, Adrien Lepez, Florent de Barge, Antoine Romon, Jean-Jacques Mortreul, hommes de fief, le 12 avril 1703, par les marguilliers Jean Marchand pour un an finissant à la S. Rémy 1699; — Jean Cliquet, fils de feu Mathias, 1700; — Nicolas Lequint, 1701 ; — Jean-Baptiste Duponchel, 1702. — *Recettes :* 1° Sous-rentes en blé dues par plusieurs personnes, entre autres Messire Hangouart, chevalier, comte d'Avelin, seigneur de la mairie de Gondecourt ; — 2° Sous-rentes en avoine; — 3° Sous-rentes en argent dues par plusieurs personnes entre autres messire Henry de Broïde, chevalier, seigneur de Gondecourt; les pauvres dudit lieu ; — 4° Chapons ; — 5° Cire ; — 6° Rendage des terres de l'église, 3 bonniers 14 cents trois quartrons rapportant 348 l. 17 s. 6 d. en 1699; — 4 bonniers rapportant 362 livres en 1702. — 7° Rentes héritières à charge de fondations : 267 l. 15 s. 3 d.; — 8° Coffre de S. Guislain et S. Jean et louage de la maison d'école; — 9° Levée du platelet, aumônes des bonnes gens; herbe du cimetière, pourchat des gerbes, offrandes diverses ; deniers à Dieu ; droit de sépultures de 12 livres ; — 10° Droit de l'église sur les wardelles. — Total des recettes en 1699 : 884 l. 10 d.; en 1700, 822 l. 15 s. 5 d.; en 1701, 850 l. 13 s. 8 d. ; en 1702, 811 l. 12 s. 1 d. — *Dépenses :* Acquit des fondations : les mêmes que précédemment, plus : 12 messes du S. Esprit, les premiers lundis du mois, fondées par Sébastien Cochet, au curé 12 l., au clerc 6 l. 8 s.; — douze messes de la Vierge, le premier vendredi du mois, fondées par Nicolas Cochet, au chapelain 12 l.; au clerc 6 l.; — douze obits, le premier vendredi du mois, fondés par Laurence Cochet, au curé 12 l.; au clerc, 6 l. ;

les obits de Martine Dubron, Melchior Lameraux, Jean Bernard, Denis Bernard et Catherine Bridelance ont été réduits de cinq à trois par l'évêque de Tournai, le 3 novembre 1684. (1) — Total : 330 l. 2 s. 2 d. par an. — 2° Mises ordinaires et extraordinaires : salaires du greffier pour les comptes, des margliseurs pour leurs devoirs ordinaires; du va'et des margliseurs; du sergent pour ses vacations ; — entretien de l'église ; — saintes huiles et droit de visite du Doyen de Seclin; — préaux pour les fêtes du S. Sacrement et de la S. Jean ; — vin, pain, cire et autres frais du culte; — entretien des cloches; — droits d'audition des comptes ; — rentes seigneuriales dues au chapitre de Seclin pour la maison d'école, 17 l. 15 s. pour 9 années d'arrérages ; — frais des processions à Seclin. — Total des dépenses : en 1699 : 635 l. 11 s. 2 d.; — en 1700 : 744 l. 9 s. 10 d.; — en 1701, 593 l. 10 s. 11 d.; en 1702, 618 l. 9 s. — Comptes de la chapelle Notre-Dame fondée par le curé Wallerand Brouette, rendus par les mêmes et pour les mêmes années : *Recettes :* 114 l. 15 s. 6 d. de rentes héritières en 1699 et 1700 ; 117 l. 14 s. en 1702. — *Dépenses :* acquit des fondations : les mêmes que précédemment, plus 4 messes, fondées par Guillaume Legrain, avec litanies du S. Nom de Jésus ; au chapelain, Vincent Testelin, 4 l.; au clerc, 40 s.; au curé pour les annoncer, 20 s.; — salaires du comptable et du greffier. — Total des dépenses : 114 l. 1 sou par an.

GG 65. (Liasse). — 4 cahiers in-folio, ensemble 149 feuillets, 1 cahier in-quarto, 15 feuillets, papier.

1702-1706. — *Comptes de l'église et de la chapelle Notre-Dame.* — Comptes des marguilliers Hubert Labe pour une année échue à la S. Rémy 1703 (2); — Barthelemi Bottin, 1704 (3); — Jean Dugardin, laboureur, 1705; — Mathias Lequint, meunier, 1706 (4). Recettes : en 1703 : 801 l. 18 s. 1 d. —

(1) D'après le compte de 1700, les deux obits de Madame de Sainte-Aldegonde et les deux de Rogier du Bois, ont été fondés, comme il se voit d'un ancien écrit reposant au ferme, en date de l'an 1448.

(2) Manquent le premier et le dernier feuillets.

(3) En mauvais état ; manque le 1er feuillet.

(4) Ce compte est présenté à Messire...... Ferdinand Imbert, écuyer, seigneur d'Ingleurbril (?) conseiller du roi en la cour du Parlement de Tournai, mari et bail de Marie-Marguerite de Broïde, en cette qualité et comme procureur de ses cohéritiers, au sieur Desmazières, vice-curé, Nicolas Henneron, Adrien Lepez, Pierre Delafosse, Jean-Jacques Mortreul, Pasquier Le Borgne, hommes de fief, le 20 février 1708.

en 1704 : 802 l. 3 s. 6 d. — en 1705 : 797 l. 1 s. 11 d. — en 1706 : 796 l. 16 s. 6 d. — *Dépenses :* en 1703 : 595 l. 15 s. — en 1704 : 698 l. 1 s. 6 d. — en 1705 : à compte pour une table d'autel au chœur 96 l. ; total : 406 l. 1 s. 0 d. — en 1706 : 739 l. 13 s. 9 d. — Excédents de recettes en 1703 : 206 l. 3 s. 1 d. — en 1704 : 104 l. 2 s. — en 1705 : 391 l. 5 deniers — en 1706 : 57 l. 2 s. 9 d. — Comptes de la chapelle Notre-Dame. *Recettes :* rentes héritières, 117 l .14 s. par an — *Dépenses :* salaires du comptable et du greffier ; — honoraires du chapelain Vincent Testelin pour l'acquit des fondations. Total : 114 l. 1 s. par an. — Compte rendu par Jean Delemer, pasteur de Gondecourt, de la gestion des deniers de l'église qui lui ont été confiés : reliquats de différents comptes des marguilliers; — vente d'un chandelier de cuivre appartenant à l'église, 269 l. 8 s. ; — Total des recettes : 1408 l. 12 s. 11 d. — Dépenses : droits d'amortissement pour divers acquisitions ; — enregistrement des contrats, lettres de rente, etc. ; — achat de linge d'église et d'ornements, 39 l. 19 s. ; — frais divers à la nouvelle sacristie ; — aux Sœurs Grises de Tournay, pour quatre bouquets de fleurs pour l'embellissement du grand autel, 8 l. ; — travaux à la chapelle de S. Jean-Baptiste. — Total des dépenses : 2388 l. 5 s. 12 d. — Le pasteur comptable a bon 979 l. 13 s. 1 d. ; depuis il a reçu 630 l. 4 s. 2 d., puis 200 l., et pour le reste on a réglé avec Jaspart Delemer, son frère et exécuteur testamentaire.

GG 66. (Liasse). — 1 cahier in-folio, 31 feuillets ; 16 pièces, papier.

1710-1711. — *Comptes de l'église et de la chapelle Notre-Dame.* — Compte rendu à Jean-Philippe Desmazières, pasteur, Jean-Baptiste Ramon, lieutenant, Adrien Lepez, Pierre Delefosse, Anselme Cuvelier, Jean-Baptiste Mortreul, Barthelemi Bottin, Pierre-Louis Caulet, hommes de fief, par Laurent Thibaut, charron, marguillier, pour l'année 1710-1711. — Eglise : recettes, 743 l. 6 d. ; dépenses : 732 l. 9 s. 9 d. — Chapelle : recettes, 120 l. 9 s. ; dépenses, 113 l. 8 s — Pièces justificatives.

GG 67 (Liasse). — 2 cahiers in-folio et 1 in-quarto, ensemble 120 feuillets, 38 pièces, papier.

1711-1714. — *Comptes de l'église et de la chapelle Notre-Dame.* — Comptes des marguilliers Jean-François Duponchel, laboureur, pour une année échue à la S. Rémy 1712 ; — Pasquier Dubois, laboureur, 1713 ; — Antoine Marchant, dit La Mort, laboureur, 1714. — ᴚecettes en 1712 : 484 l. 13 s. 2 d.; — en 1713, 762 l. 13 s. 2 d.; — en 1714 : 1237 l. 13 s. 8 d. (vente de bois aux wardeles, 535 l. 10 s.). — Dépenses en 1712 : 435 l. 12 s. 6 d. (livraison d'un tableau pour l'autel des trépassés par M. du Cauche, peintre à Lille, 110 livres) ; — en 1713 : 772 l. 18 s. 6 d. — en 1714 : 1107 l. 6 d. — Comptes de la chapelle Notre-Dame : recettes en 1712, 105 l. 9 s. ; — en 1713 : 138 l. 7 s. 6 d. ; — en 1714 : 125 l. 4 s. — Dépenses : en 1712 : 114 l. 12 s. ; — 1713 : 123 l. 18 s., — en 1714 : 123 l. 18 s. — Parmi les dépenses figurent un oᴜ.t et 2 messes de requiem fondés par Piat Leborgne, au chapelain 4 l. 4 s., au clerc, 2 l. 2 s.; aux pauvres, 3 livres. — Pièces justificatives du compte de 1712 ; — du compte de 1714 : honoraires de M. le pasteur de Chemy pour messes déchargées en l'absence du chapelain ; — en 1714, mention de M. Simon-Martin Delemere, chapelain ; — réparations à la maison du clerc ; — livraison « de 2 sièges confessionnales » ; — pertes éprouvées sur les terres de l'église et des pauvres pour la dépouille 1716, etc.

GG 68. (Liasse). — 3 cahiers in-quarto, ensemble 81 feuillets, papier.

1715-1738. — *Comptes de l'église et de la chapelle Notre-Dame.* — Comptes des marguilliers André Bridelance, pour 1715-1716, Louis de le Vallée, 1723-1724, Antoine Potteau, 1737-1738. — Recettes : en 1716, 647 l. 7 s. 10 d.; en 1724, 1261 l. 13 s. 8 d.; en 1738, 807 l. 11 s. 5 d., y compris les revenus de la chapelle. — Dépenses : en 1716, 555 l. 17 s. 4 d.; en 1724, 1258 l. 14 s. 6 d. (travaux à la maison du chapelain); en 1738, 611 l. 8 s. — Compte de la chapelle Notre-Dame pour 1715-1716 : Recettes 123 l. 11 s. 6 d.; dépenses 123 l. 18 s.

GG 69. (Liasse). — 1 cahier in-folio, 24 feuillets, 1 pièce, papier. (1).

1739-1740. — *Comptes de l'église et de la chapelle Notre-Dame.* — Compte présenté, le 17 mai 1742, à Josse-François Richart, pasteur, Nicolas-Dominique Nicole, bailli, Nicolas Lequint, lieutenant, George Marchant, homme de fief, par Alexandre Gautier, marguillier. — Recettes : 1° Sous-rentes en blé dues par plusieurs personnes, entre autres Jean-Philippe d'Hangouart, comte d'Avelin, seigneur de la mairie de Gondecourt, 46 l. 5 s. 2 d. — 2° Sous-rentes en avoine, 10 l. 7 s. — 3° Sous-rentes en argent : 21 l. 5 s. 2 d. — 4° Sous-rentes en chapons, 2 l. 16 s. — 5° Rente de cire, 2 l. — 6° Rentes héritières, 118 l. 13 s. 3 d. — 7° Rendages des terres : 4 bonniers 13 cents 3 quartrons rendant 439 l. 17 s. — 8° Coffre de S. Guislain, 12 l.; rendage de la maison du chapelain, 42 livres. — 9° Levée du platelet, aumônes des bonnes gens, herbe du cimetière, remboursements de rentes (400 l.), offrandes diverses, pots-de-vin, vente de bois (267 l.) : 875 l. 8 s. — 10° Wardelles, 44 l. 13 s. — 11° Revenus de la chapelle N.-D. (?) 57 l. 16 s. — Total des recettes, 1673 l. 7 d. — Dépenses : 1° acquit des fondations : les mêmes que précédemment, plus : 12 messes du S. Esprit, fondées nar Antoine Delefosse et consors, le 2ᵉ lundi du mois, avec bénédiction du S. Sacrement, au curé, 14 l. 8 s., au clerc, 7 l. 4 s. ; 12 messes fondées par les mêmes, le 3ᵉ lundi de chaque mois, avec les litanies de la Vierge, au curé, 14 l. 8 s., au clerc, 7 l. 4 s. (pour cette donation ont été donnés 10 cents et demi de terre à Gondecourt et Carnin, par acte de septembre 1725) ; obit fondé par le sieur Antoine-Laurent Pluquin, prêtre, chapelain en l'abbaye de Letrens (?), au curé, 1 livre, au clerc, 10 s.; — obit, messe et commendasses de Marie-Catherine Desfontaines, au curé, 2 l. 8 s. ; au clerc, 1 l. 4 s. — Total 303 l. 3 s. — 2° Fondation de M. Wallerand Brouette en la chapelle de

(1) Manquent les feuillets du milieu.

Notre-Dame, 69 l. 7 s. « Nota que l'église est intéressée sur
ces fondations de 12 l. ou environ. » — 3° Dépenses diverses :
au valet du marguillier, 3 l. ; — salaires du sergent, du greffier, pour leurs vacations ; — saintes huiles, cartabelles ; —
travaux divers à l'église et frais du culte, etc., 533 l. 7 s. —
Total des dépenses : 905 l. 17 s.

GG 70. (Liasse). — 2 pièces, papier.

1688-1762. — *Table des pauvres.* — Requête présentée au chapitre de S. Piat de Seclin par les pasteur, lieutenant et hommes de fief de Gondecourt, demandant son
consentement à l'amortissement d'un cent de terre, tenu de
l'échevinage de S. Piat, et chargé envers l'office de l'obédien-
cerie d'un denier parisis, demi et quart, douziesme de pain
de deux au havot, douziesme de chapon, vingt-quattrième de
gline et d'un havot et demi quart de quarel d'avoine : lequel
cent de terre a été acquis des deniers provenant du remboursement d'une lettre de rente appartenant aux pauvres de
Gondecourt. — Consentement du chapitre. — Procès entre
Jean-Baptiste Lemaire, laboureur à Gondecourt et la Table des
pauvres de Gondecourt, au sujet d'une donation du
23 juin 1725.

GG 71. (Liasse). —1 cahier in-folio, 18 feuillets, papier.

1657-1658. — *Comptes des pauvres.* — Recettes :
1° Rentes dues aux pauvres par diverses personnes, entre autres :
M. de Gavelens, à cause de noble dame Marie-Magdelaine
de la Broye, son épouse, seigneur du Bois, Malmaison, etc.,
au lieu de feu M. du Vieux-Sailly, père de ladite dame et fils
de feu messire Antoine de la Broye ; — rente de 12 l. 10 s.,
au capital de 200 l., donnée aux pauvres par Magdelaine
Maillart, à charge d'un obit auquel le curé a 30 s., le clerc
15 s., et les pauvres assistants, 60 s. ; — rente de 6 l. 5 s., pro-

(1) Manque le premier feuillet.

venant de la fondation des deux obits de Piat Delefosse, due par Pierre de le Rive, par achat de M° Severin Petit, vivant chapelain de Gondecourt ;— rente de 12 l. 10 s., de la fondation des deux obits de Louis Hermant, due par Piat Ramon ; — rente de 18 l. 15 s. due par Jacques Dugardin et provenan· de la fondation d'un obit par le curé Mathias Hourier. — Total : 73 l. 13 s. 10 d. — 2° Rentes en blé payées en nature : 2 rasières 3 havots 2 quarels. — 3° Rendage des terres des pauvres : 3 bonniers 2 cents rapportant 259 livres 14 sous ; pour cette année a été accordée modération de moitié du rendage : 129 livres 17 sous. — 4° Rendage des terres en blé : un bonnier 2 cents et demi, rapportant 18 rasières 3 havots et pour cette année, déduction faite de la modération de la moitié du rendage, 9 rasières 1 havot et demi. — 5° Rendage des terres en avoine : un bonnier un cent, rapportant 18 rasières 2 havots et pour cette année, par semblable déduction, 9 rasières 1 havot. — 6° Renseigne des terres des pauvres restées en jachères : 11 cents 2 quartrons. — 7° Revente de 9 rasières 1 havot d'avoine ci-dessus, 29 livres 12 sous. — Total des recettes : 233 livres 2 sous 10 deniers. — Dépenses : 1° sous-rente de 24 sous payée à Thomas Desbiens, en qualité de margliseur de Gondecourt ; sous-rente de 2 sous payée au margliseur d'Herrin. — 2° Acquit des fondations : 3 obits de Bruyant du Maret ; 2 obits de M° Jacques Pipelart ; obits de Grard d'Antoing, Guillaume Laderrière, Jacques Théry, Jacques Denis, Guillaume de le Vallée ; au curé 12 livres, au clerc 6 livres ; — obit de Madelaine Maillart, au curé 30 sous, au clerc 15 sous, aux pauvres assistants, 60 sous ; — 2 obits de Piat Delefosse, au curé 60 sous, au clerc 30 sous ; — 2 obits de Loys Hermant, au curé 60 sous, au clerc 30 sous ; — obit de M° Mathias Hourier, vivant pasteur de Gondecourt, au curé 40 sous, au clerc 20 sous, aux pauvres 6 livres ; — au clerc pour avoir enseigné les pauvres enfants pendant l'année, 8 livres ; salaire du greffier pour formation du chasserel et du compte des pauvres ; — au comptable pour avoir exercé l'office ae ministre des pauvres, 30 sous ; — secours en argent distribués aux pauvres. — Total des dépenses : 233 livres 4 sous 6

deniers. — Distribution aux pauvres de 12 rasières 2 havots
de blé. — Compte signé : Nicolas Ringot, curé ; Jean Mortreux,
Adrien Bacqueville, N... Lepez et Nicolas Dorchies.

GG 72. (Liasse). — 1 cahier in-folio, 12 feuillets, papier. (1)

1665-1666. — *Compte des pauvres.* — Recettes :
1° rentes dues aux pauvres : 81 livres 12 sous 3 deniers. —
2° rentes de blé payées en nature : 5 rasières. — 3° rendage
des terres des pauvres, 271 livres 19 sous 6 deniers. — 4° denier
a Dieu du renouvellement de bail de 4 cents de terre des
pauvres, 40 sous. — 5° blé de cense de la dépouille de 1664
dû pour des terres appartenant aux pauvres : 18 rasières 3
havots. — Dépenses : 1° sous-rentes dues aux églises de Gondecourt et d'Herrin, 26 sous. — 2° acquit des fondations ; —
funérailles des pauvres ; — écolage par le clerc des enfants
pauvres ; — formation du chasserel et des comptes ; — salaire
du pauvriseur pour avoir exercé son office ; — pension ou
table des pauvres chez les particuliers ; — souliers, bayes,
couvertures, etc., livrés aux pauvres ; — lincheulx pour ense-
velir les pauvres ; — distribution de secours en argent et en
blé, le jour de S. Thomas et autres jours, etc. — Recettes :
427 livres 4 sous 9 deniers. — Dépenses : 356 livres 10 sous.
— Excédent de recettes : 70 livres 14 sous 9 deniers. — Les
recettes et dépenses de blé et avoine se balancent.

GG 73. (Liasse). — 1 cahier in-folio, 16 feuillets, papier. (1)

1667-1668. — *Compte des pauvres.* — Recettes :
1° Rentes dues aux pauvres par plusieurs personnes, entre
autres par M. de le Court, seigneur de la Mairie, pour 5 cents
de terre ; par les pauvres de Sainte-Catherine de Lille pour
5 cents, etc., 84 livres. — 2° Rentes de blé payées en nature,
5 rasières. — 3° Rendage des terres des pauvres baillées en
cense, 189 livres 9 sous 3 deniers. — 4° Rendage des terres payés

(1) Manquent le premier et le dernier feuillets.

en blé, 10 rasières 2 havots 1 quarel et demi. — 5° Rendage en avoine, revendue 43 livres 17 sous 6 deniers. — 6° Terres à jachères, 16 cents. — Total des recettes en argent 317 livres 6 sous 9 deniers. — Dépenses : 1° sous-rentes dues aux églises de Gondecourt et d'Herrin. — 2° acquit des fondations ; — écolage des enfants pauvres ; — formation du chasserel et des comptes ; — salaire du pauvriseur pour son office ; — secours aux pauvres en argent et en nature, casaques, maronnes, souliers, couvertures ; — funérailles des pauvres, etc. — Total des dépenses : 266 livres 15 sous 3 deniers. — Distributions de blé.

GG 74. (Liasse). — 1 cahier in-folio, 15 feuillets, papier.

1689-1690. — *Compte des pauvres*, présenté à messire Henri de Broïde, chevalier, seigneur de Gondecourt, en présence de M° Jean Delemer, pasteur, à l'intervention de Jaspart Boullengier, lieutenant, Noë Bertoul, Nicolas Henneron, Antoine et Gérard Mortreul, hommes de fief, le 20 avril 1692, par Jean Marchand, ministre de la charité des pauvres pour un an commençant à la S. Rémy 1689. — Recettes : 1° rentes dues entre autres par M. du Joncquoy, au lieu de M. de Gavelens, à cause de noble dame Marie-Madeleine de la Broye, son épouse, seigneur du Bois, Malmaison ,etc.; par M. le baron d'Avelin, seigneur de la Mairie, etc., 60 l. 7 s. 5 d. — 2° Blé dû à la pauvreté à raison de la dépouille de 1690, 5 rasières. — 3° Rendage en argent d'environ 7 bonniers de terres, 512 l. 12 s. 6 d. — 4° Reçu de Jaspart Boullengier, lieutenant, pour donation faite aux pauvres par d^{lle} Mussart, veuve de Robert Parmentier, 20 l. — 5° Reliquat du compte de François Rose, pauvriseur, 96 livres. — Total des recettes : 689 l. 11 deniers. — 6° Rendage de terres en blé : 13 rasières 2 havots 2 quarels. — Dépenses : 1° Sous-rentes dues à l'église de Gondecourt, 24 s.; à celle de Herrin, 2 sous ; — au marguillier pour pain, vin, luminaire et ornements livrés aux obits fondés par M. Gavelens et Jean Morel, charpentier, 4 l. ; — 2° acquit des fondations : obits de Bruiant du Maret, de sire Jacques Pipelart, de Madeleine Maillart, de Louis Hermant, de M° Mathias Hourié, vivant pasteur de Gondecourt ; — obit de Jean Morel, au curé 30 sous, au clerc 15 sous, aux pauvres 40 sous ; — messe fondée par M. Gavelens, le 2ᵉ vendredi de carême, au curé 40 sous, aux pauvres 8 livres, au diacre et au sous-diacre qui célèbrent une messe, chacun 30 sous, au clerc 30 sous ; — six obits qui se chantent les vendredis de carême, pour Sébastien Cochet, au curé 9 livres, au clerc 4 livres 10 sous, aux pauvres 36 livres. — formation du chasserel et du compte ; — salaire du pauvriseur, 30 sous ; — à Jean Bacqueville pour avoir pourchassé durant 1 année à l'église pour les pauvres ménages, 60 sous ; — secours aux pauvres et aux malades ; chemises, lincheux, souliers, palées, potage, juste-au-corps, faix de maulle, etc. ; — pensions des pauvres et des orphelins ; loyer des maisons des pauvres ; — honoraires du chirurgien des pauvres, Mᵉ Jacques Douchet, de Seclin ; funérailles des pauvres ; — écolage des enfants pauvres ; — à Jean Labe, sergent de Gondecourt, pour ses vacations, 4 livres. — Total des dépenses 684 livres 1 sol. — Distributions de blé aux pauvres ménages. — à Jacques Couvreur, clerc, pour ses droits ordinaires qu'il a d'avoir sur les pauvres ménages de ce lieu, le jour S. Thomas, à chacun demi-havot de blé, 4 rasières. — Excédent de recette 4 livres 19 sous 11 deniers et un quarel de blé. — Pour purger le compte, le pauvriseur a payé 4 livres 19 sous 11 deniers à Antoine Ramon, cabaretier, pour dépenses de bouche.

GG 75. (Liasse). — 1 cahier in-folio, 18 feuillets, papier.

1711-1712. — *Compte des pauvres.* — Compte présenté, le 27 juin 1714, à Jean-Philippe Desmazières, pasteur, Jean-Baptiste Ramon, lieutenant ; Adrien Lepez, Pierre Delefosse, Anselme Cuvelier, Jean-Baptiste Mortreuil, Bartholomé Bottin, Pierre-Louis Caullet, hommes de fief, par Nicolas Morel, administrateur des biens des pauvres de Gondecourt, pour une année échue à la S. Rémy 1712. — 1º Sous-rentes annuelles dues aux pauvres : au nombre de 22 rapportant 50 livres 11 deniers .— 2º Rentes héritières : de 6 livres 5 sous, au rachat de 100 livres, pour les deux obits fondés par Piat

Delefosse ; de 25 livres, au rachat de 400 livres, pour la fondation de M. de Gavelens ; de 6 livres 5 sous, au rachat de 100 livres, pour l'obit de Pierre Morel et Catherine Lemesre, sa femme : Total 37 livres 10 sous. — 3° Rentes en blé payées en nature : par le seigneur du Joncquoy, pour son gros de fief de Provillies (Pronville), chargé annuellement de 3 rasières de blé, etc.; Total 5 rasières. — 4° Rendage en blé de terres baillées en cense : 28 cents rapportant 17 rasières 1 havot dont on n'a reçu que 5 rasières 2 quarels, par suite des modérations faites à cause des guerres. — 5° Rendage en argent des terres baillées en cense : 6 bonniers 12 cents 1 quartron, rapportant 523 livres 14 sous, dont on n'a reçu que 256 livres 9 sous 3 deniers, par suite des modérations accordées à cause des guerres. — Fait aussi recette le comptable de 2 livres 10 sous de pot-de-vin pour cinq cens de terre baillés en nouvelle ferme et de 1.900 livres reçues d'Etienne Meurisse pour rembourser a Simon Descamps une rente de 1600 livres en capital. — Total des recettes : 2246 l. 10 s. 3 d. — Dépenses : sous-rentes aux églises de Gondecourt et d'Herrin ; — Acquit des fondations de Bruyant du Maret, Jacques Pipelart, Madeleine Maillart, Louis Hermand, Piat Delefosse, M° Mathias Houriez, Jean Morel et M. de Gavelens ; — six obits à 3 psaumes et 3 leçons fondés par Sébastien Cochet ; — obit de Noël Bertoul et Barbe de le Cour, sa femme, au curé 32 s., au clerc 16 s., aux pauvres 6 livres. — Droits d'audition 6 l. — Formation du chasserel et du compte. — Salaire du pauvriseur et d'Antoine Bridelance pour avoir pourchassé dans l'église durant l'année. — Secours aux pauvres et aux malades en argent et en nature, couvertures, souliers, toile, etc. — Pension ou table des pauvres placés chez les particuliers. — Louage des maisons des pauvres. — Funérailles des pauvres. — Amortissement de la fondation de Noël Bertoul. — Rentes seigneuriales sur 4 cents de terre tenus de la seigneurie de la Barre. — Relief échu par la mort d'Adrien Marchand, homme responsible, 18 l. 10 s. — Remboursement du capital et des arrérages d'une rente à Simon Descamps, 1776 l. — Total des dépenses : 2207 l. 13 s. 9 d. — Distribution de blé aux pauvres, 3 rasières 2 havots 1 quarel.

GG 76. (Liasse). — 1 cahier in-folio, 10 feuillets, papier.

1780-1781. — *Compte des pauvres.* — Compte présenté, le 12 juin 1783, au sieur Louis-Ernest Sablon, curé de Gondecourt, et à Louis-François-Joseph Marchand, lieutenant, présents Alexis Verdière et Adrien-Joseph Winglet, échevins et hommes de fief, par Jean-Charles Labbe, pour une année échue à la Saint-Remi 1781. — Recettes : 1° Rentes et sous-rentes dues aux pauvres, 62 livres 14 sous 3 deniers. — 2° Rentes de blé qui se payent en nature, 5 rasières. — 3° Rendage en blé des terres baillées en cense, 25 rasières 2 havots. — 4° Rendage en argent des terres baillées en cense, 770 livres 10 sous. — 5° Reliquat du compte de Jean-Michel Henneron, 1779-1780, 87 livres 7 sous 8 deniers ; vente de bois, 43 livres ; quant aux pourchats faits à l'église, ils ont été distribués aux pauvres. — Total des recettes : 963 livres 11 sous 11 deniers. — Dépenses : 1° Acquit des fondations : à M. Sablon, curé, 35 livres 8 sous ; à M. Delos, chapelain, 1 livre 10 sous ; à Valérien-Jacques Couvreur, clerc, 17 livres ; au marguillier, 3 livres pour pain, vin, luminaire fournis aux obits fondés par Piat Legrain. — 2° Sous-rentes dues à l'église de Gondecourt et à celle d'Herrin. — 3° Formation du chasserel et du compte ; — rétribution au sergent pour ses vacations ; — à M⁰ Duval, chirurgien à Gondecourt ; — pensions des pauvres chez des particuliers ; — loyer des maisons des pauvres ; — reliquat de 205 livres 9 deniers dû à Jean-Baptiste Cramette, pauvriseur, pour son compte de 1776-1777 ; — remboursement à M Delahaye, curé d'Herrin, d'une dépense faite pour les pauvres de Gondecourt, 1 livre 18 sous 5 deniers ; — écolage des enfants pauvres ; — secours aux pauvres en argent et en nature. — Total des dépenses : 883 livres 8 s. 2 d. — Distribution de blé aux pauvres : 23 rasières 2 havots.

Série HH

Agriculture ; Industrie ; Commerce

(Vacat)

Série II

Documents divers

II 1. (Liasse). -- 3 pièces, papier.

1244-1753. — *Documents divers.* — Marguerite de Dampierre accorde à l'abbaye de Flines et aux habitants des villages voisins le droit de pacage dans le marais de Flines, appelé depuis et aujourd'hui encore le marais des Six-Villes. Avril 1244. — Guillaume, comte de Flandre, ratifie l'acte précédent. Juillet 1248. — Donation par Pierre Legrard, charpentier à Gondecourt, à Jean et Madeleine, ses enfants qu'il a eus de Marie de le Vallée, sa femme, d'un lieu manoir avec maison et autres édifices, contenant parmi jardin 3 cents d'héritage, sis à Gondecourt, tenus du fief de le Prée audit lieu, pour en jouir à son trépas, à charge d'une rente de 200 livres en capital due a l'église de Gondecourt. 28 juin 1629. — Vente par Jean-Baptiste Rose, laboureur à Gondecourt, au profit de Maximilien Rose et de Jeanne-Marguerite Dubois, sa femme, d'un quartron environ d'héritage, sis à Gondecourt, tenu en cotterie de la seigneurie de Prouville, et chargé de la moitié d'une rente au capital de 50 florins vers l'église de Gondecourt, 24 février 1753.

TABLE

DES

Divisions du présent Inventaire

Série AA. — Titres constitutifs et politiques de la Commune.

Série BB. — Administration communale.

Série CC. — Impôts ; Comptabilité.

Série DD. — Propriétés communales.

Série EE. — Affaires militaires.

Série FF. — Justice ; procédure ; police. — *Vacat.*

Série GG. — Culte ; instruction ; assistance publique.

Série HH. — Agriculture ; industrie ; commerce. — *Vacat.*

Série II. — Documents divers.

TABLE DES NOMS DE LIEUX

TABLE DES NOMS DE PERSONNES

Broye de Laval (Alexandrine-Françoise de la), sœur d'Ignace Claude, AA 1.

— (Antoine de la), sr du Bois, AA 1 ; DD 1 ; GG 71.

— (Catherine de la), veuve d'Antoine Lecocq, GG 58, 62.

— (Gauthier de la),seigneur de Gondecourt, AA 1.

— (Guilbert de la), fils de Jean, seigneur de Gondecourt, AA 1.

— (Guillaume de la), seigneur de Gondecourt, DD 1.

— (Guillaume-Albert de la), AA 1.

— (Ignace-Claude de la), chanoine de S. Pierre de Lille, AA 1.

— (Jacques - Ferdinand de la), fils de Jean, AA 1.

— (Jean de la), père de Guilbert, AA 1 ; — père de Jean-Jacques, AA 1 ; — seigneur de Gondecourt, DD 1 ; GG 57, 60.

— (Jean de la), chanoine de Saint-Omer, GG 1.

— (Jean-Jacques de la), seigneur de Gondecourt, AA 1 ; GG 2.

— (Jeanne-Louise de la), fille de Louis, GG 1.

— (Louis de la), GG 1.

— (Marie-Charlotte de la), GG 1.

— (Marie-Madeleine de la), épouse de M. de Gavelens, GG 71, 74.

— (Marie-Thérèse de la), sœur d'Ignace, AA 1.

— (Nicolas-François de la), fils de Jean, GG 57.

Brullant (Charles), chapelain, GG 1.

Buisine (Jehan), clerc, GG 1.

Burette (Pasquier), GG 57,58,60.

Caby (Constant), médecin de chevaux, EE 2.

Calonne (M. de), intendant, DD 15, 16.

Carbon (Etienne), DD 12.

Castel (Marie du), GG 60.

Castelain (J.-B.), curé d'Allennes-les-Marais, GG 38.

Castelain (Mahieu), seigneur de le Pré, à Gondecourt, AA 1.

Caullet (Nicolas-Joseph), assoyeur, CC 2, 3 ; DD 13.

— (Pierre-Louis), homme de fief, GG 58, 66, 75.

Caumartin (de), intendant, AA 3.

Chomberg (Maréchal), EE 1.

Clicquet (Jean), marguillier, GG 64.

— (Mathias), GG 64.

Cliquennois (Pierre-François), sergent, DD 13, 14.

Cochet (Jacques), GG 57.

— (Laurence), femme de Louis Lequint, GG 57, 64.

— (Nicolas), GG 64.

— (Pierre) GG 62.

— (Sébastien), GG 57, 58, 64,75 ; — assoyeur, CC 4, 6 DD 16 ; — fermier, DD 12 — homme de fief, DD 14.

— (Vincenette), femme d'Antoine Marchand, GG 60

— (Wallerand), GG 58, 60

Cordonnier (Gilles), collecteur CC 6 .

Coraillot, greffier, DD 13.

— (Jean-François-Joseph) greffier, fils de Marc, CC 7 DD 15.

— (Marc), greffier, DD 14 15 ; CC 7.

— Quentin), GG 57.

Court (M. de le), sr de la Mairie, GG 73.

Couvreur (Jacques), clerc, CC
6 ; GG 3, 58, 74.
— (Valérien), clerc, DD 11.
— (Valérien-Jacques), clerc,
DD 13, 14 ; GG 76.
— (Valérien-Joseph), clerc,
CC 7 ; DD 15.
Cramette (J.-B.), pauvriseur,
GG 76.
— (Martin). GG 57, 58, 60.
Croix (Bauduin de), sr de
Wayembourg, AA 1.
Cuvelier (Anselme), homme de
fief, CC 6 ; GG 58, 66, 75.
— (P. F.), vicaire, GG 11,
12, 15.
— (Simon-François), asso-
yeur, DD 13.

Dampierre (Marguerite de),
DD 1 ; II 1.
Danvers (Charles-Hubert), as-
soyeur, DD 13.
Debarge (Florent), homme de
fief, GG 64.
Deckre (Lambert), chanoine de
Seclin, GG 57.
Dedourge, vicaire, DD 11 à 13 ;
GG 25, 31.
Deladerrière (Jean), GG 60.
Delahaye (F. G.), curé d'Her-
rin, GG 38, 76.
Delecour (Barbe), femme de
Noël Bertoul, GG 75.
Delefosse (Antoine), GG 58, 69.
— (Antoine), fils d'Antoine,
GG 58.
— (Antoine), marguillier,
fils de Louis, GG 60.
— (Catherine), fille d'An-
toine, GG 58 ; — femme de
Nicolas Legrand, GG 62.
— (Jean), homme de fief,
GG 62 ; — lieutenant, GG 2.
— (J.-B.), assoyeur, CC 4 ;
DD 16.

Delefosse (Jean-Félix), asso-
yeur, DD 15.
— (Jean-François), asso-
yeur, CC 3 ; DD 11 à 15.
— (Louis), GG 60.
— (Piat). GG 71, 75.
— (Pierre), GG 63 ; — fils
d'Antoine, GG 58 ; — homme
de fief, CC 6 ; GG 58, 65, 66,
75.
— (Pierre-François), asso-
yeur, CC 2, 3.
Delemasre (Barbe), GG 60.
Delemer (Jaspart) frère du cu-
ré, GG 65.
— (Jean), curé, GG 2, 3,
57, 62 à 65, 74.
— (Simon-Martin), chape-
lain, GG 67.
Deleneuville (Eusèbe), asso-
yeur, DD 13.
— (Pierre), GG 57.
Delerive (Philippe), homme de
fief du chapitre de Seclin, GG
57.
— (Pierre), GG 71.
Delerue (Isabeau), GG 60.
Delevallée (Guillaume), GG 71.
— (Jean), censier d'Hail-
lies, GG 57, 58, 60.
— (Jeanne), femme Pierre
Cochet, GG 62.
— (Lambert), GG 57, 60.
— (Louis), GG 60 ; — cen-
sier d'Haillies, GG 58 ; —
marguillier, GG 68.
— (Marie), femme Pierre
Legrard, II 1.
— (Pasquier), marguillier,
DD 1.
Delobel (Louis), assoyeur, CC
7.
— (Péronne), femme Michel
Morel, GG 57, 58, 60.
Delos, chapelain, GG 76.

Delporte (J.-B.), vicaire, **DD** 14, 15 ; GG 35.

Denis (Jacques), GG 71.

Denis (Jean). GG 60.

De Recq, doyen de chrétienté, GG 6, 10, 14.

Dernaucourt (J.-B.), prêtre assistant, DD 14 ; GG 36 ; — desserviteur, GG 38.

Desbiens (Antoine), pauvriseur, GG 57.

— (Georges), lieutenant, CC 6 ; GG 64.

— (Pierre-Louis), assoyeur, DD 14, 15.

— (Thomas), marguillier, GG 71.

Descamps (Simon), GG 75.

Desfontaines (Marie-Catherine), GG 58, 69.

Desmazières (Jean-Philippe), vice-curé, GG 2, 3, 65 ; — curé, GG 3, 6, 58, 66, 75.

Desnoulet (Jean), curé, GG 2, 60.

— (Mathias), marguillier, GG 57.

Desprets (Tassart), GG 60.

Dhérin (Laurent), assoyeur, CC 2, 3.

Dorchies (Me Antoine), GG 57.

— (Michelle), femme Michel Morel, GG 57.

— (Nicolas), GG 71 ; — marguillier, GG 61.

Douchet (Jacques), chirurgien, GG 74.

Dubéron (Martine), femme Samuel Testelin, GG 57 60, 64.

Dubois, le jeune, procureur, CC 7.

— (Henry), assoyeur, CC 6.

— (Jehan), AA 2.

— (Jehane — Marguerite), femme Maximilien Rose, II 1.

— (Pasquier), marguillier, GG 58, 67.

Dubois (Philippe), fils de Jehan, AA 2.

Duburcq (Alexandre), GG 62.

— (Pierre), CC 6.

Ducastel (Marie), GG 60.

Ducauche, peintre à Lille, GG 67.

Dujardin (Druon), homme de fief, CC 6.

— (Gilles), assoyeur, CC 6.

— (Jacques), GG 71.

— (Jean), marguillier, GG 65.

Duhamel (C. A.), vicaire GG 7, 8, 10, 11.

— (Jacques), chanoine de Seclin, GG 3.

Dumaret (Phillippe-Charles), curé de Chemy. GG 38.

Dumetz (André), GG 63 ; — fermier, DD 12 ; — assoyeur, DD 15 ; — homme de fief, GG 63.

Duponchelle (Catherine), femme Nicolas Lemesre, GG 58, 60.

— (Druart), GG 60.

— (J.-B.), marguillier, GG 64.

— (Jean—François), marguillier, GG 67.

— (Jean-François-Joseph), GG 59 ; — lieutenant, DD 11 à 15

Dureteste (André), CC 6.

Duriez (sire Amand), GG 58, 60.

— (Jean-Charles), assoyeur, CC 3 ; DD 11 à 13.

— (Jeanne), GG 57, 60.

— (Ph. A.), GG 63.

— (Pierre), cirier à Lille, GG 58.

Durot (Antoine), GG 58, 60.

— (Barbe), GG 58.

— (Catherine), GG 60.

— (Jean), GG 60.

Laderrière (Guillaume), GG 71.

Lagache, subdélégué de l'Intendant, DD 15, 16.

Lamereaux (Melchior), GG 60,
64.

Lamory (Jehan), curé, DD 1 ;
GG 58, 60.

Landas (Wallerand de), seigneur de Wannehain, bailli
de Cysoing, AA 1.

Lansel (Marie), GG 60.

Le Blancq (Guillaume), seigneur
de Gondecourt, DD 4.

Leborgne (Françoise), femme
de Jean Mengier, GG 57, 60.
— (Guillaume), GG 58.
— (Jean), GG 60 ; — hom-
me de fief, GG 60.
— (Pasquier), homme de
fief, GG 65.
— (Piat), GG 67 ; — fils de
Guillaume, GG 58.

Lecocq (Antoine), écuyer, GG
32.
— (Catherine), veuve de
Guillaume de Hangouart, AA
1.

Lefebvre (François), curé de
Sailly, GG 60.
— (Gilles), GG 60.
— (Louis), GG 60.
— (Noëlle), GG 60.

Legrain (Guillaume), GG 64.
— (Piat), GG 76.

Legrand (Nicolas), marguillier,
GG 62.
— (Pierre), marguillier, GG
62.

Legrard (Jean), fils de Pierre,
II 1.
— (Madeleine), fille de
Pierre, II 1.
— (Pierre), charpentier, II
1.
— (Vincent), curé d'Annœul-
lin, GG 60.

Leleu (Colette), GG 60.
— (Pierre-François), asso
yeur, CC 4 ; DD 16.

Lemaire (J.-B.), GG 70.

Lemerchier (Jeanne), GG 57, 60

Lemesre (Catherine), femm
Pierre Morel, GG 75.
— (Jeanne), GG 58, 60.
— (Marie), femme Guilber
Rose, GG 58.
— (Mathias), bailli, CC C
— (Nicolas), GG 58, 6(;
marguillier, DD 1.

Lenglart (Grégoire), homme d
fief du chapitre de Seclin, G
57.

Lepez (Adrien), GG 63 ; — hom
me de fief, CC 6 ; GG 58, 6
à 66, 75 ; — marguillier, G(
58.
— (Louis), GG 60.
— (N...), GG 71.

Lequint (Antoinette), femme d
Charles Lerouge, GG 2.
— (Louis), GG 57.
— (Mathias), GG 3 ; — ma
guillier, GG 65.
— (Nicolas), lieutenant, G(
10, 69 ; — marguillier, GG 6

Le Reulx (Catherine), GG 60.

Lerouge (Charles), clerc, GG 2

Lesage (Jérôme), curé d'Herrir
GG 1.
— (J.), vicaire, GG 3, 4 ; —
desserviteur, GG 5.

Leschapet (Michel), GG 60.

Le Wartel (Pierre), GG 60.

Lieppe (Agnès), femme de Jear
François Mannier, GG 58.
— (J.-B.), marguillier, G(
58.
— (Jean-François), assoyeu
CC 2, 4 ; DD 15.

Ligne (Lamoral de), seigneu
de Cysoing, AA 1.

Logeleu (Michel), DD 1.

Louis XV, DD 15.

Maillart (Madeleine), GG 71, 74, 75.

Mannier (Jean-François), GG 58.

Marchand (Adrien), GG 75 ; — assoyeur, CC 6.

— (Adrien-Louis), GG 2.

— (Antoine), GG 60.

— (Antoine), marguillier, GG 67.

— (Athanase), assoyeur, DD 12.

— (Georges), homme de fief, GG 69.

— (Isabeau), femme Melchior Lamereaux, GG 60.

— (Jean), GG 2 ; — dit boiteux, GG 58, 60 ; — marguillier, GG 64 ; — pauvriseur, GG 74.

— (Joseph), fermier, DD 12.

— (Louis-François), homme de fief, DD 14 ; GG 75 ; — lieutenant, CC 2, 4 ; DD 15, 16.

— (Louis-Joseph), assoyeur, DD 15.

— (Marie), femme d'Antoine Delefosse, GG 58.

— (Philibert), GG 57, 60.

— (Piat), GG 57, 60.

— (Pierre-Joseph), assoyeur, DD 14.

Maret (Bruyant du), GG 71, 74, 75.

— (Jean du), GG 60.

Marguerite, comtesse de Flandre, DD 16.

Marquant (François), horiste à Sainte-Catherine de Lille, GG 57, 58, 61.

Masquelier (Simon), chapelain, GG 1.

Maupaie (Louis), GG 57, 58.

Maupaie (Marguerite), GG 60.

Mazurelle (L.-J.), vicaire, GG 19, 21.

Melun (Marie de), princesse d'Epinoy, AA 1.

Mengier (Jean), GG 57.

Meurisse (Etienne), GG 75.

Minoz (Clément), assoyeur, DD 15.

Morel (Aimable-Joseph), assoyeur, CC 4 ; — homme de fief, DD 14.

— (Jean), GG 60, 74, 75.

— (Jeanne), GG 60.

— (Jean-Baptiste), lieutenant, GG 16.

— (Michel), GG 57, 58, 60 ; — père de Pierre, GG 57.

— (Nicolas), curé de Camphin, GG 1.

— (Nicolas), pauvriseur, GG 75.

— (Pierre), GG 57, 75.

Moriel (Jehan), receveur, AA 2.

Mortreul, curé, DD 1.

— (Antoine), GG 63 ; — homme de fief, GG 64, 74.

— (Denise), GG 58, 60.

— (Grard), homme de fief, GG 74 ; — lieutenant, GG 62.

— (Jean), GG 58, 71 ; — lieutenant, GG 60.

— (J.-B.), DD 13 ; — homme de fief, CC 6 ; GG 58, 66 75.

— (Jean-Jacques), homme de fief, GG 64, 65 ; — lieutenant, CC 6.

— (Jean-Michel), assoyeur, CC 2, 4 ; DD 15 ; fermier, CC 7 ; DD 12.

— (Pierre-François), assoyeur, DD 13 à 15.

Moucque (Marie), GG 58, 60.

Muret (Aimable), assoyeur, DD 16.

Mussart (d^elle), veuve de Robert Parmentier, GG 74.

Nassau (Comte de), CC 6.
Nicole (Louis-Hippolyte), bailli, CC 3 ; DD 11 à 13.
— (Nicolas — Dominique), bailli, CC 2, 3 ; GG 69.
— (Pierre-Antoine-Ignace), bailli, CC 2, 3.
Nœuville (sire Jacques de), GG 60.
— (Mathieu de), GG 60.

Ollehaing (Françoise d'), épouse de Gautier de la Broye, AA 1.
— (Robert d'), seigneur de Gondecourt, DD 4.

Parmentier (Robert), GG 74.
Pérenchies (M. de), GG 60.
Péromez (Marie de), GG 2.
Pétérinck (J.-B.), imprimeur, AA 3, 4 ; DD 15.
Petipas (Germain), seigneur de Warcoing, AA 1.
Petit (Séverin), chapelain, GG 71.
Pierre (Claudine de la), épouse de Jean de la Broye, AA 1.
Pipelart (Druart), GG 60.
— (Isabeau), femme Léon Vicart, GG 60.
— (Jacques), GG 60, 71, 74, 75.
— (Jean), DD 1 ; GG 60.
Plaisant (G. F. ou J. F.), vicaire, DD 13, 14 ; GG 33, 35.
Plusquin (Antoine—Laurent), prêtre, GG 69.
Poifflon (sire Jean), GG 60.
Pollet (Nicolas-Joseph), assoyeur, DD 12.
Potteau (Antoine), marguillier, GG 68.

Potteau (Louis-Joseph), assoyeur, CC 2, 3 ; DD 12.
Pottier (J.-B), collecteur, DD 11.
— (Jean-Henry), GG 58 ; — collecteur, CC 2, 3 ; DD 11, 12.
— (Nicolas-André), assoyeur, CC 3 ; DD 11 à 13.
— (Pierre-André), assoyeur, DD 15, 16.
Prévost (J.-B.), prêtre assistant, GG 21, 22.
— (J.-L.), vicaire, GG 16, 17.

Ramon (Antoine), hôte, EE 1 ; GG 74.
— (Jacques), GG 60.
— (Jean), DD 1 ; GG 60.
— (Jean), prêtre de Quesnoy, GG 60.
— (J.-B), lieutenant, GG 58, 66, 75.
— (Nicaise), GG 60.
— (Piat), curé, GG 57, 58, 60.
Regnaud (N.), fondeur de cloches, DD 14, 15.
Richart (Josse-François), curé, DD 11 à 13 ; GG 7, 38, 69.
Ringot (Nicolas) curé, GG 1, 57, 58, 61, 71.
Rivelois (Jacques), échevin, GG 16.
Robert (Charles-Pierre), BB 2.
— de S. Symphorien (Charles-Pierre-Joseph), fils de Jérôme Alexis, seigneur de Gondecourt, DD 3, 4.
— (François), seigneur de Gondecourt, DD 6, 10.
— (François-Joseph), fils de Charles-Pierre-Joseph et seigneur de Gondecourt, DD 4, 8.
— de Choisys (Jérôme-Alexis, BB 2 ; DD 3.

Robert de Choisys (Simon-Charles), BB 2.

Romon (Antoine), homme de fief, GG 64.

— (J.-B.), homme de fief, CC 6.

Rose (François), pauvriseur, GG 74.

— (Guilbert), GG 58.

— (Jacques-François), assoyeur, DD 15; — marguillier, GG 59.

— (J.-B.), II 1 ; — assoyeur, DD 15, 16.

— (Maximilien), II 1.

Rose (Pierre-Anselme), assoyeur, DD 14, 15.

Rousselle (Louis), curé de Camphin, GG 1.

Ruyant (Antoine), chapelain, GG 1.

— (Charles), clerc, GG 1.

— (Piat), GG 1.

Sablon (Louis-Ernest), curé, DD 15 ; GG 38, 76.

Sainte-Aldegonde (dame de), GG 60, 64.

Sechelles (de), intendant, DD 3.

Selosse, vicaire, DD 14.

— (A.-J.), prêtre assistant, DD 14 ; GG 32, 36.

Testelin, arpenteur, DD 12.

— doreur, DD 15.

— (Samuel), GG 57.

— (Vincent), chapelain, GG 3, 62, 64, 65.

Théry (Jacques), GG 60, 71.

Thibaut (Laurent), marguillier, GG 66.

Tobo (J.-B.), assoyeur, CC 2, 3 ; DD 12.

— (Pierre-Louis), sergent du chapitre de Seclin, à Gondecourt, DD 14.

Turbelin (Michel), curé, GG 2.

Verdière (Alexis), homme de fief et échevin, GG 76.

Vicart (Léon), GG 60.

Vieux-Sailly (Mr du), GG 71.

Vilain (François), évêque de Tournai, GG 1.

Warcquain (Denis), curé de Chemy, GG 60.

— (Isidore), marguillier, GG 60.

— (Sœur Jacqueline), GG 60.

— (Laurence), GG 57, 58, 60.

— (Pasquier), GG 60.

Wattel (Pierre-Joseph), collecteur, CC 2, 4 ; DD 13, 15, 16.

Wattrelos (Philippe), homme de fief, GG 60.

Werchin (Pierre de), sénéchal de Hainaut, AA 1.

Winglet (Adrien-Joseph), homme de fief et échevin, GG 76.

— (Gilles), chapelain, GG 2.

TABLE DES MATIÈRES